ストでよくわかる

日本のしきたり

ミニマル＋BLOCKBUSTER 著

彩図社

はじめに

「おみくじって2回引いてもいいのかな？」
スタートはそんな他愛もないギモンだった。
いつも身近にある「しきたり」は、空気のように生活になじんでいて、普段、意識することなどまったくなかった。
七五三、成人式、お宮参り、お食い初め……。振り返ってみれば、自分もそれらを経験してきたが、恥ずかしながらその意義や作法を正しく理解していたとは言い難い。
思えば、毎年恒例の初詣だって、正式な作法がよくわからない。手や口はどう清めるのか？鈴はいつ鳴らすのか？　拍手は1回、2回？　そもそもこれらはなんのためにやるの？
気になりはじめると、次から次へとギモンが生まれてくる。インターネットで調べても情報はまちまちだ。そこで、各方面のスペシャリストに「しきたり」の背景や作法を実際に聞いてみて、その内容をまとめたのが本書である。

神奈川県横浜市にある瀬戸神社の宮司・佐野和史さんは冒頭の質問に笑顔でこう答えてくれた。
「おみくじは何度引いてもらっても同じです。大吉が出ても凶が出ても神様からの年初のメッセージとして、ありがたく受け止めるのが本義。そのくじを1年間肌身離さず持ち歩いて、常に神様を身近に感じながら生活することが大切なのです」

そんな話を聞いていると、かつての日本人の姿が見えてくる。

新しい年には、服を新調して土地の氏神様に挨拶に行く。秋には収穫した作物を供えて、豊作を神様に感謝する。子どもが生まれれば、神様にお披露目し、七五三でその成長を報告する。その様子を近隣の人々も温かく見守る。寺社を中心にみんなで肩を寄せ合って、四季を感じ、人生の節目をともに祝う姿が目に浮かぶ。

そこには、忙しい現代人が見失いがちな「豊かな心の在り方」のヒントがあるのかもしれない。

本書では、「しきたり」や「年中行事」の歴史的背景のほか、作法やマナーも紹介している。えりを正して、いつもの「しきたり」と向き合ってみると思わぬ発見があるはず。本書がその一助になれば幸いだ。

「イラストでよくわかる　日本のしきたり」
取材班代表　丸茂アンテナ（ミニマル）

【第1章】

日常生活のしきたり

普段は意識することが少ないかもしれませんが、私たちの周りにはさまざまなしきたりが存在しています。暦の読み方、贈り物の作法など、日々の生活を豊かにする日常生活のしきたりをまとめました。

暦の読み方

カレンダーに書いてある「大安」や「仏滅」。祝日となっている「春分の日」や「秋分の日」。その意味を知っていますか?

仏滅だからダメ!

妻:どうしよう、式場、この日しか空いてないんだって。
夫:いいじゃん、別にその日でも。
妻:あなた正気!? その日は仏滅じゃない!

六曜《ろくよう》と二十四節気《にじゅうしせっき》

いずれも中国を起源とする暦の読み方です。特に「二十四節気」は古くから日本人の生活と密接に結びついてきました。

六曜

その日の吉凶を占うもの

道連れにしてしまう印象から「友引は葬式に適さない」といった考え方もあります。しかし、日本古来の仏教とは基本的な思想が違うため、過剰に気にする必要はないようです。

二十四節気

気候の変化に基づいて1年を24分割した暦法

中国の気候をもとに名づけられたため、日本の気候とは合わないものも。それを補足するために土用、八十八夜、入梅といった季節の区分けを取り入れたのが「旧暦」です。

『三国志』の知将・諸葛孔明が戦いの際の吉凶を占ったのが六曜の起源という説も。日本では江戸時代に定着したといわれています。

六曜と二十四節気の内容

結婚式は「仏滅」を避けて「大安」の日に……なんて話はよく聞きますが、
本当の意味を知っている人は少ないのでは？　詳しく見ていきましょう。

六曜の意味

先勝（せんしょう／せんかち）

午前中は吉で、午後になると凶。急用を片付けたり、訴訟をするにはいいとされています。

友引（ともびき）

朝夕は吉で昼は凶。祝い事によく、葬式や法事に悪いとも。かつては「伴引」で勝負のつかない日でした。

先負（さきまけ / せんぶ）

午前中は凶で、午後になると吉。勝負ごとなどは避けて、平静を保つべきと考えられています。

仏滅（ぶつめつ）

万事大凶。葬式や法事は問題ないですが、祝い事は避けた方が無難。物が滅ぶ「物滅」に「仏」の字があてられたようです。

大安（たいあん）

万事大吉。結婚式や旅行、引っ越しなどすべてに適しているとされる日。法事は大安を避ける傾向があります。

赤口（しゃっく / しゃっこう）

正午は吉で、朝夕は凶。災いに遭いやすい日。「赤」が血を連想させるので刃物の扱いに要注意とされています。

二十四節気の内容

①立 春《りっしゅん》
2月4日頃。寒が明けて春を迎える1年の始まり。

②雨水《うすい》
2月19日頃。雪や氷が溶けて農耕の準備が始まる。

③啓蟄《けいちつ》
3月6日頃。冬眠していた虫が動き出す時期。

④春 分《しゅんぶん》
3月21日頃。昼夜の長さが等しくなる春彼岸の中日。

⑤清明《せいめい》
4月5日頃。草木の花が咲き、南風が清々しい。

⑥穀雨《こくう》
4月20日頃。春雨が降り、種まきに適した時期。

⑦立夏《りっか》
5月6日頃。カエルが鳴き始め、夏の気配が漂う。

⑧小満《しょうまん》
5月21日頃。陽気がよく、麦の穂や草木が育つ。

⑨芒種《ぼうしゅ》
6月6日頃。蛍が飛び始める田植えの頃。雨多し。

⑩夏至《げし》
6月21日頃。1年で昼が最も長い。長雨が続く梅雨の頃。

⑪小暑《しょうしょ》
7月7日頃。蓮の花が咲く集中豪雨の時期。

⑫大暑《たいしょ》
7月23日頃。油蝉が鳴き、朝顔が咲く猛暑の時期。

⑬立 秋《りっしゅう》
8月8日頃。ひぐらしが鳴き、秋風がそよぎ始める。

⑭処暑《しょしょ》
8月23日頃。穀物の実りに近く、台風が多い時期。

⑮白露《はくろ》
9月8日頃。草の朝露が光り、燕が南へ帰っていく。

⑯秋 分《しゅうぶん》
9月23日頃。秋の長雨の時期。昼夜の長さが同じ。

⑰寒露《かんろ》
10月8日頃。秋晴れの日々。朝晩は肌寒い秋本番。

⑱霜降《そうこう》
10月23日頃。北から霜がおりてきて紅葉が始まる。

⑲立冬《りっとう》
11月7日頃。山茶花が咲き、木枯らし吹く冬の始まり。

⑳小雪《しょうせつ》
11月22日頃。山には雪が舞い、紅葉が美しく枯葉散る頃。

㉑大雪《たいせつ》
12月7日頃。熊が冬眠に入り、鮭は川を上る時期。

㉒冬至《とうじ》
12月22日頃。昼が最も短い。柚子湯に入る習慣がある。

㉓小寒《しょうかん》
1月5日頃。寒さ厳しい寒の入り。雉が鳴き始める。

㉔大寒《だいかん》
1月20日頃。寒さの底。寒稽古も行われる。

お祝いの作法

親戚や知人のおめでたい話を聞いたら、何はともあれお祝いをしたいところ。お祝いで贈る金額の目安など、場面に応じた作法を紹介します。

お祝いするときに…

これでよくね？
お年玉じゃないんだから！
ぽち袋？

妻：めいっ子のシホちゃんが１年生になるんだって！
夫：入学祝いっていくらくらいだ？
妻：そもそも何に包むのかしらね？

ご祝儀袋の基礎知識

お祝いの際に、お金などを包む袋をご祝儀袋といいます。
ご祝儀袋の基本的な知識をおさらいしておきましょう。

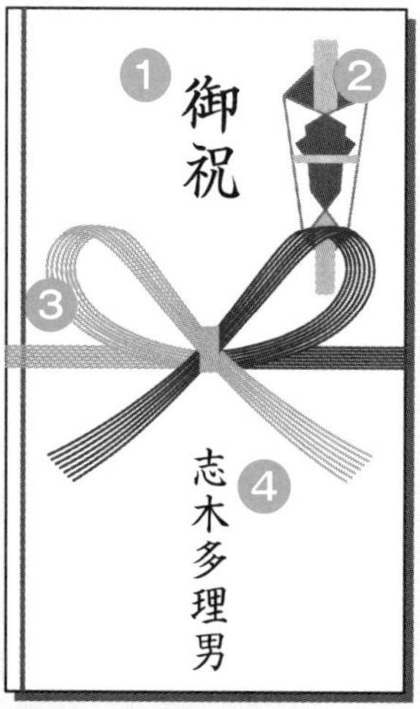
1
御祝
2
3
4
志木多理男

1 表書き
「御祝」ならさまざまな場面で使えます。

2 熨斗（のし）
慶事の贈り物につける飾りです。

3 水引（みずひき）
何度あってもいい祝いごとには蝶結びの水引を使います。

4 贈り主の氏名
忘れずに記入するようにしましょう。

ご祝儀袋は、「慶事か弔事か」「何度あってもいいか一度きりがいいか」によって使い分けます。

お祝いのしきたり

いざお祝いをする際に困るのが、いつ、どんなものを贈ったらいいのか。
お付き合いの程度によっても異なりますが、金額の目安をまとめてみました。

さまざまなお祝いとしきたり

お祝いの種類	「御祝」以外の表書き	金額の目安	いつ贈る？	現金以外の贈り物
結婚祝い	寿、御結婚御祝	１万円～５万円	挙式の当日、欠席なら１週間前まで	家庭用品、お菓子など
出産祝い	御出産御祝	3000円～２万円	１か月以内	図書カード、衣類、玩具など
初節句	初節句御祝	3000円～１万円	１週間前～当日	
七五三	七五三御祝	3000円～１万円	11月上旬	
入園・入学祝い	御入園御祝 御入学御祝	3000円～１万円	入園・入学前後	図書カード、学習用品など
卒業祝い	御卒業御祝	3000円～３万円	３月中	
成人祝い	祝御成人	5000円～１万円	１週間前～当日	ギフト券、小物など
就職祝い	御就職御祝	5000円～１万円	入社１か月前～４月中	
新築祝い	御新築御祝	１万円～２万円	披露当日まで	家庭用品、食品など
長寿の祝い	寿、祝還暦など	5000円～１万円	誕生日まで	実用品、趣味のものなど
開店・開業祝い	開店御祝	5000円～１万円	開店、事務所開きまで	生花、開運の縁起物など

Point

「熨斗」はもともとアワビだった？

もともと「熨斗」は「あわびのし」といい、アワビを熨（の）して乾燥させ、保存食とした贈答品。昔は祝いごとがあると、アワビとお酒を持参して祝宴を催しました。右上の小さな「熨斗」はその名残りです。

お中元とお歳暮

誰かに自分の気持ちを伝える方法のひとつが贈り物。お中元、お歳暮をはじめとして、大人らしい贈答の作法を身につけておきましょう。

いつ・何を贈ればいい？

日頃からお世話になっている取引先や、
会う機会が少ない目上の方・親戚の方……
失礼のない贈り物をするためにポイントをおさえておきましょう。

お中元・お歳暮の作法

従来は持参して挨拶と日頃の感謝を述べるものでした。時期を過ぎたら「暑中見舞い」や「お年賀」などと名称を変えて贈ります。

お中元

**7月上旬～
7月15日頃**

7月15日を過ぎたら「暑中見舞い」に、8月8日頃の立秋を過ぎたら「残暑見舞い」にします。8月初日～15日という地域も。

**ビールや素麺など
季節に合うものを**

お中元は、かつては季節の変わり目に神様に食べ物を供えて祝う日でした。今は季節のものを贈るのが定番。

お歳暮

**12月上旬～
12月25日頃**

年末に間に合わない場合は新年に「お年賀」として贈りますが、相手が喪中のときは新年1月5日過ぎに「寒中見舞い」とします。

**お中元よりも
少々割高なものを**

ハム類、ビール、洋菓子、食用油、ギフト券などが定番。米や餅、正月用の塩鮭や塩ブリなどの魚がお歳暮の起源です。

人生の節目に応じた贈り物

人生の節目に応じてお祝いをするのが日本古来の風習です。
出産祝い、入園・入学祝いなど、場面に応じた作法を確認しておきましょう。

出産祝い

新しい命の誕生を祝うとともに、母親をねぎらう意味も込めて贈り物をします。ただし、母子ともに健康かどうかを確認してから贈るようにしましょう。

入園・入学祝い

本来は家族間のお祝いという要素が強く、よほど親しい間柄でない限り、知人に無理に贈る必要はありません。贈る場合は文具や本などでもいいでしょう。

就職祝い

社会に認められ、新社会人となる人に向けたエールでもある就職祝い。ボールペンや万年筆など、長く使ってもらえるものも喜ばれます。

開業祝い

事業の立ち上げで多忙なため、現金が無難ではありますが、相手の希望を聞いて、事業に使えるものや、花輪などを贈るのもいいでしょう。

お見舞いの作法

■不吉を連想させるものは避けましょう

病気やケガで入院したり、自宅療養をしている知人のお見舞いに行く際は、品物選びに注意が必要。鉢植えの植物は「根付く」ことから「症状が長引く」ことを連想させるため、NGとされています。また、「死苦」が入ったシクラメンや、首がポロリと落ちる椿なども避けましょう。

お見舞いの品を考える際は、物の数にも配慮が必要です。
「四」「九」は「死」「苦」を連想させることも。
普段あまり「しきたり」などを気にしない相手でも、病気やケガのときは気を遣うようにしましょう。

日常生活のしきたり

04

風呂敷の作法

かつて物を運ぶ手段といえば、風呂敷でした。1枚の布で多様な包み方ができる風呂敷。上手に使いこなして伝統を味わってみましょう。

とってもエコな風呂敷

妻：キャッ！　となりの家からドロボー出てきたわよ！
夫：いや、違うんだ。隣のおじさん、エコにうるさいんだ。
妻：たしかにあんなドロボー、今どきいないわよね。

風呂敷の起源とは

風呂敷の起源は、奈良時代。お風呂に入る前に床に布を敷き、その布で脱いだ服を包んだことがはじまりとされています。

おなじみの唐草模様は、もともとはめでたい吉祥文様。唐草は限りなく四方八方に伸びるため、子孫繁栄の印として縁起がいいとされていました。

マメ知識

風呂敷にはものを持ち運ぶ際に、ホコリから守る役割もあります。物を相手に渡す際には、ホコリをかぶっているかもしれない風呂敷を解いて、風呂敷を手早くたたんでから渡すのが作法です。

めざせ！　風呂敷マイスター

最近では、さまざまな素材や柄の風呂敷があるので、バッグの中に
１枚入れておくと意外に便利。ここでは、基本的な包み方を紹介します。

基本的な３パターンの包み方

①重ねてたたむ

簡単かつ上品な包み方。頑丈ではないので移動距離が短いときなどに。

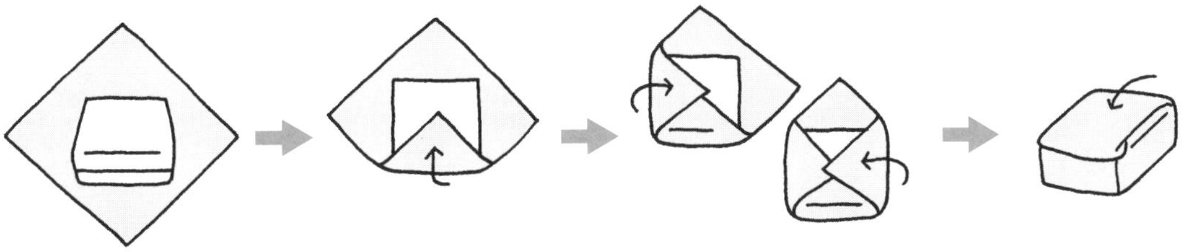

②結び目が１か所

簡単で、頑丈さもほどほど。普段使いにどうぞ。

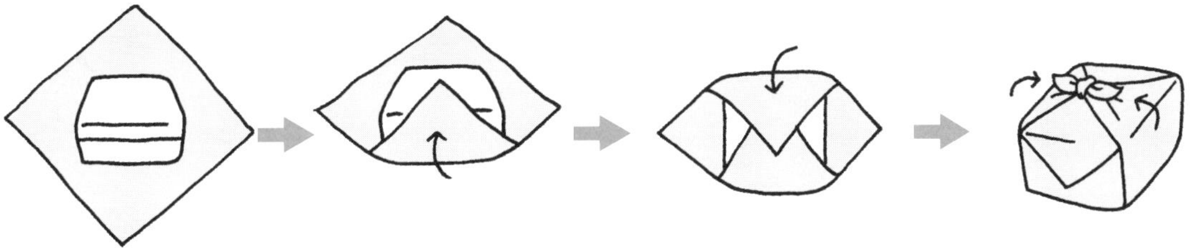

③結び目が２か所

結び目が２つなのでほどけにくい。壊れやすいものを運ぶ際に。

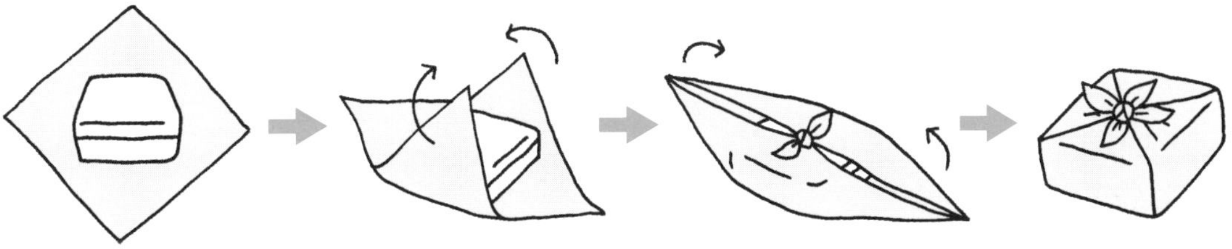

応用テク

持ち運ぶものに合わせた包み方

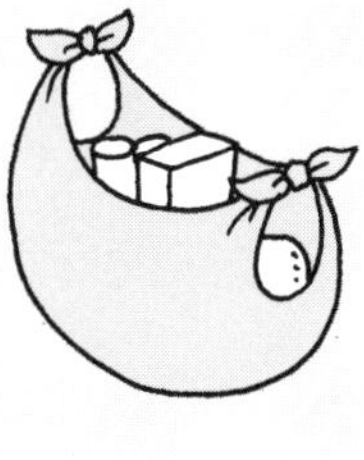

隣り合う角を縛って「買い物袋風」。買い物カゴにもすっぽり入ります。

縛り方を工夫して「手提げバッグ風」。ちょっとしたお出かけに。

風呂敷で包むと、お酒もセンスのよい贈り物に早変わりです。

手紙の書き方

今やスマホがコミュニケーション手段の中心ですが、季節の節目に手紙で近況を報告し合うのもいいものです。手紙の作法を見ていきましょう。

基本となる手紙の作法

拝啓　緑がまぶしい季節になりました。
皆様にはご健勝のこととお慶び申し上げます。
このたび、私どもは左記に移転致しました。
こちら方面にお越しの節はぜひお立ち寄りください。
末筆ながら皆様のご健康をお祈り申し上げます。
敬具

新住所
〒〇〇〇-〇〇〇〇
〇〇県〇〇市〇〇町〇〇丁目〇〇番地
電話1234-12-3456

正しい手書きの書き方を心得ていますか？

手紙ならではのルール

手紙の書き方にもまた、様々なルールがあります。古式ゆかしい書き方には、現代的なくだけた文章にはない美しさがあるのです。

頭語と結語

【基本セット】 拝啓→敬具
【より丁寧に】 謹啓→敬白
【急ぎの場合】 急啓→草々
【時候の挨拶を省く場合】 前略→草々

※女性が書く場合は、頭語を使わず、結語に「かしこ」を用いるのが一般的です。

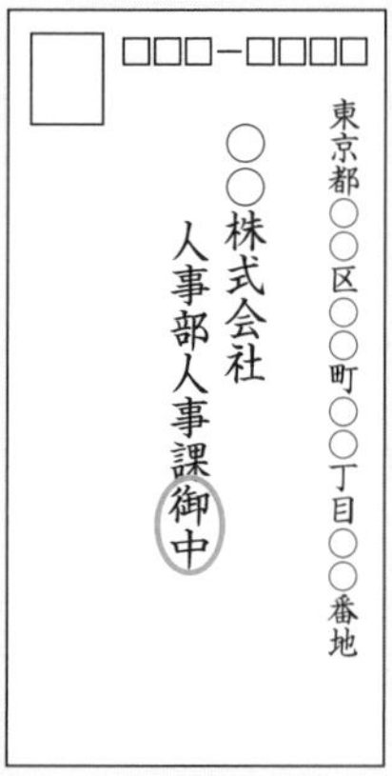

敬称の使い方

〇〇様　目上を含めて誰にでも使えます。
〇〇殿　目上から目下の場合のみ使います。
〇〇御中　会社の部署など相手が複数の場合に使います。

季節のお便りの作法

年賀状や寒中見舞い、暑中見舞いといった季節のお便りは、送る時期が大切。
時期を逃さないよう注意して、相手と良い関係を築きたいですね。

年賀状の作法

①自筆で挨拶

挨拶程度でもかまいません。あらかじめ印刷された市販のハガキなどを使う場合でもスペースに自筆でメッセージを添えましょう。

②「元旦」の使い方

「元旦」とは、正式には１月１日の朝のこと。そのため、「１月元旦」と書くのは誤り。正しくは「○○年元旦」と使います。

新年始めの手紙、
気持ちをこめて
書きましょう

③二文字に注意！

年賀状の表題には、この他「賀正」「賀春」「迎春」などがありますが、目上の方に送ると失礼にあたります。それらの言葉を使うのは避けましょう。

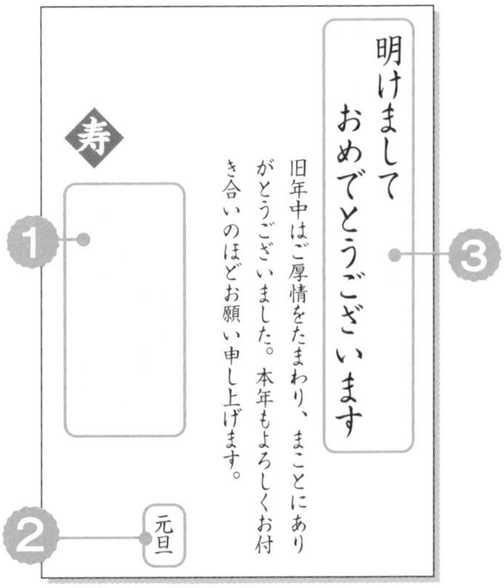

明けまして
おめでとうございます
旧年中はご厚情をたまわり、まことにありがとうございました。本年もよろしくお付き合いのほどお願い申し上げます。
寿
元旦
1
2
3

寒中見舞い

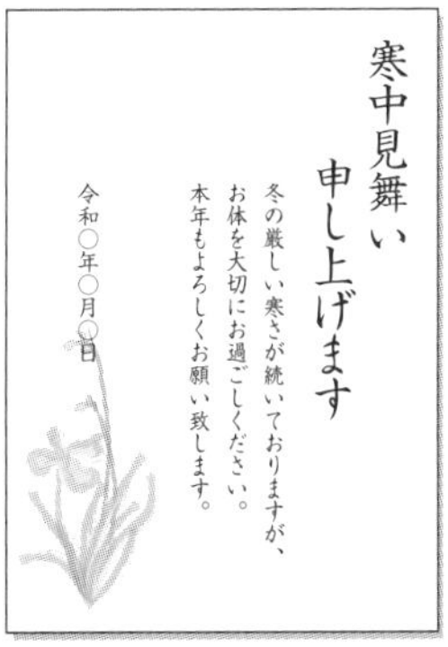

寒中見舞い
申し上げます
冬の厳しい寒さが続いておりますが、
お体を大切にお過ごしください。
本年もよろしくお願い致します。
令和○年○月○日

自分から出していない人から年賀状が届いたら、遅くとも松の内の１月７日までに返信を。松の内を過ぎたら、年賀状でなく、寒中見舞いとして出します。寒中見舞いなら、喪中の人に送っても構いません。タイミングは同じく１月７日を過ぎてからです。

夏のお便り

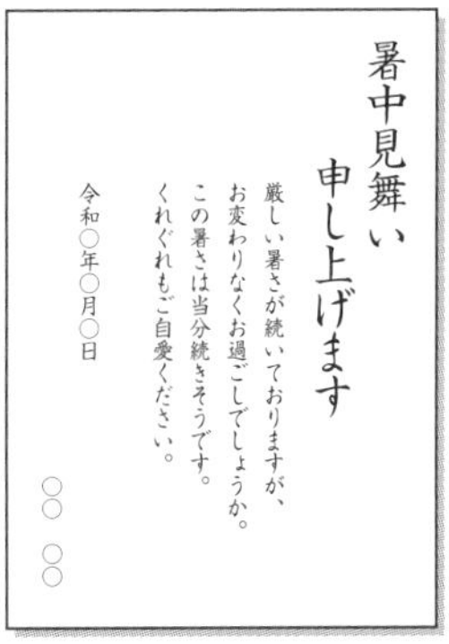

暑中見舞い
申し上げます
厳しい暑さが続いておりますが、
お変わりなくお過ごしでしょうか。
この暑さは当分続きそうです。
くれぐれもご自愛ください。
令和○年○月○日
○○
○○

暑中見舞い

７月７日頃の「小夏」から８月８日頃までの「大暑」の期間に相手に届くように送るのが「暑中見舞い」です。

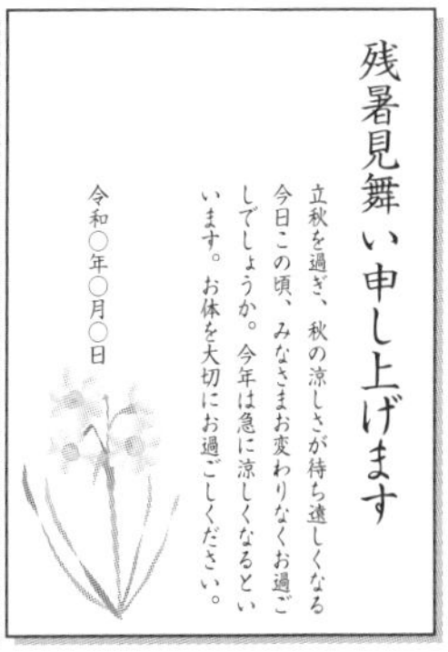

残暑見舞い申し上げます
立秋を過ぎ、秋の涼しさが待ち遠しくなる今日この頃、みなさまお変わりなくお過ごしでしょうか。今年は急に涼しくなるといいます。お体を大切にお過ごしください。
令和○年○月○日

残暑見舞い

立秋の日以降に送る場合には、実際には真夏だとしても「残暑見舞い」として送ります。

使ってはいけない「禁忌言葉」

言霊信仰のある日本では、場面によって相応しくない言葉は「禁忌言葉（きんきことば）」と呼ばれ、結婚に関しては「切れる」「離れる」など、出産では「（月日が）流れる」、弔辞の際には「重ね重ね」「再び」などがＮＧとされています。

読み返して
から投函を！
POST

日常生活のしきたり

06

お座敷の作法

礼節を重んじる日本社会においては、日本家屋での立ち居振る舞いにもさまざまなしきたり・作法があります。基本のルールをおさえておきましょう。

どこに座るべき？

どうぞ
どうぞ
あ？

若手A：年長者が上座だよな。
若手B：山下さーん、上座にどーぞ！
先輩：お前ら、あのおっさんより、あたしの方が年上だと？

上座・下座とは

お座敷では、床の間に近い位置が「上座」。出入口側が「下座」。必ず取引先や目上の人を上座に案内しましょう。

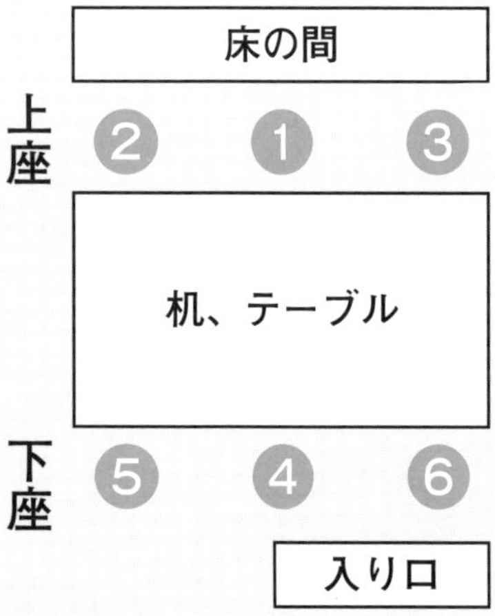
床の間
上座
2 1 3
机、テーブル
下座
5 4 6
入り口

床の間がない場合は、入り口から一番遠い席が上座となります。

「無礼講」とは？

無礼講のルーツは、「神の前ではみな平等」という日本の祭りの考え方。神事が終わった後は、神に奉納したお酒を参列者も平等にいただきます。そこから、お酒の席では年齢も地位も関係なく楽しもうといった拡大解釈をされることも。ただし、最低限の節度を守りましょう。

挨拶の仕方と手土産の渡し方

挨拶の仕方から手土産の渡し方まで、お座敷の作法には日本の伝統が凝縮されています。スマートに振る舞えば、きっと一目おかれることでしょう。

入室前の作法

コートの脱ぎ方

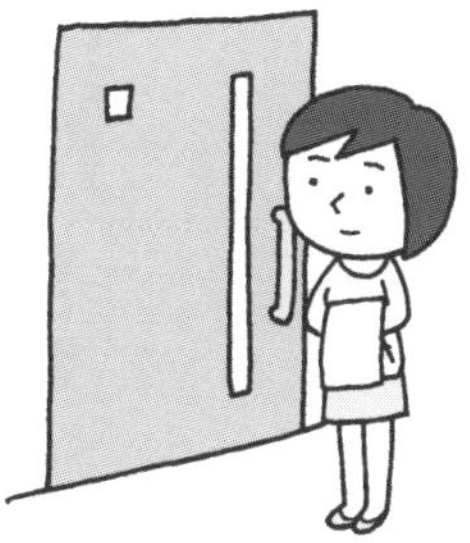

コートは外で脱いでから呼び鈴を押すのが無難。ただ、目上の人や作法に厳しい相手でなく、玄関での挨拶のみですぐに帰る場合はコートを着たままでもいいでしょう。

靴の脱ぎ方

玄関を上がる際は、正面を向いたままで上がり、お尻を向けないように少し斜めにかがんで靴の向きを変えます。訪問先の相手にお尻を向けることは失礼だと考えられているためです。

敷居のまたぎ方

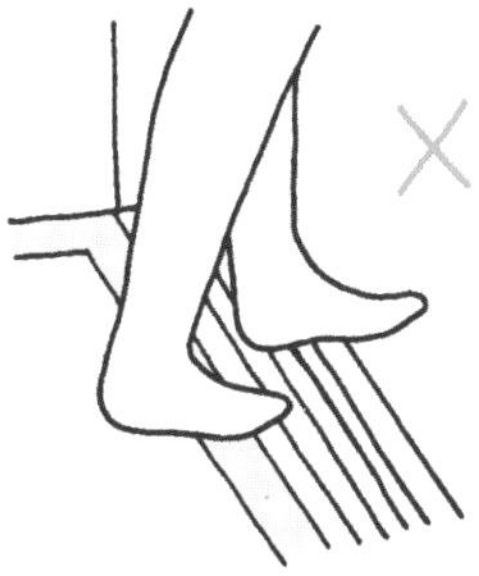

敷居は踏むと溝が傷み、障子やふすまの滑りが悪くなります。畳を留めている縁も、すり減ると畳自体も早く傷んでしまいます。敷居同様、畳の縁も踏まないように気をつけましょう。

挨拶と手土産の渡し方

和室の場合

座布団に座る前に両手をついて挨拶。手土産は両手を添え、畳の上をすべらせて渡します。

洋室の場合

洋室では立ったままで挨拶。手土産はテーブルの上で渡します。

ふすま、障子の開け方

ふすまや障子は座った状態で開けるか、もしくは前傾姿勢で開けます。頭を下げたまま入室しましょう。

閉めるときは５センチほど残して１度止め、静かに閉めるのがポイント。

座布団の座り方

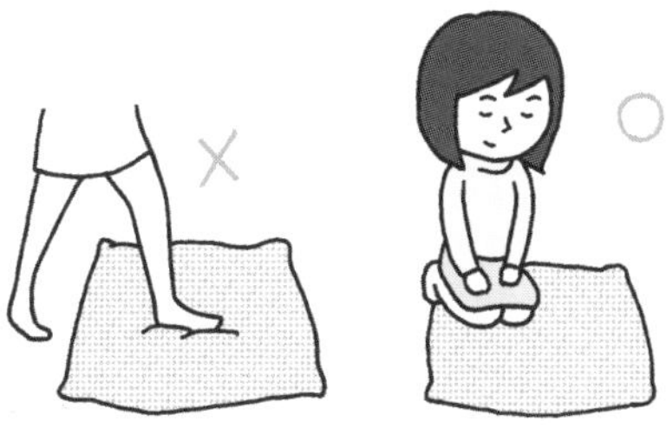

座布団を足で踏むのはマナー違反。踏まないように注意しましょう。座る際にはヒザから少しずつ座布団の上へ。「どうぞくずして」と言われるまでは正座を続けるのがマナーです。

日常生活のしきたり

07

厄除け・厄祓い

厄年を気にして神社に厄祓いに行った経験がある人も多いのでは。そもそも厄年とはどういうものか、厄祓いの作法とあわせて紹介します。

男42歳、女33歳

妻：今年、本厄だから厄除けでしょ、それに伊勢神宮に行かないといけないし、四国の八十八か所霊場巡りもしないと……。
夫：いや、むしろおとなしくしてた方がいいような。

「ハレ」と「ケ」

日本に古くから伝わるしきたりと密接に関係するのが「ハレ」と「ケ」。日本人の生活にメリハリを与えてきた考え方を学んでみましょう。

「ハレ」	「ケ」
「ハレ」は非日常	「ケ」は日常

↓

日常に問題が起きると
「ケガレ」になる

↓

「ケガレ」が強まる＝厄年

言葉に残る「ハレ」

ハレの日は、変化のない農耕民族の日常生活に変化を与える特別な日。「晴れ着」「晴れ姿」「晴れ舞台」という言葉で現在にも息づいています。

厄除けのお作法

厄除けは、佐野厄除大師（栃木県佐野市）のような有名寺社をはじめ、全国各地の神社やお寺で行われています。厄除けに関する事柄をまとめてみました。

厄除けの手順

厄除けはいつやるの？

一般的に年明けから節分の間に行われているところが多く、誕生日前の１か月に行うところもあります。ただし、いつという決まりはなく厄年に何も起こらないことを祈ってお祓いをします。

厄除けに予約は必要？

厄祓いは一般的に近所にある神社やお寺で行いますが、有名な神社仏閣で行ってもいいでしょう。有名寺社は混雑している場合が多いので、事前予約を。

「禊《みそぎ》」で厄除け、厄祓い

古くから水を浴びることで、身を清め、心を清めて、ケガレを取り除くことができると考えられてきました。特に「禊」として滝に打たれたり、寒い時期に海に入ったりするのはこのためです。

身近にあるお祓い

特にケガレが強まるとされるのが厄年であり、厄祓いなどを行う風習が生まれました。また、たとえば表面的にはお祝いの行事であるひな祭りは、かつては自分のケガレを人形に移して川に流す（祓い清める）ことで幸せを願う行事でもあったのです。６月30日（「夏越の祓」）と12月31日（「年越しの祓」）に災いやケガレを祓うために行われる儀式が「大祓え」。人の身体に積もり積もっていく災いやケガレをなくすために、茅の輪くぐりを行います。

「ひな祭り」

「大祓え」

Q. 厄年って迷信じゃないの？

男性の厄年は数え年の25歳、42歳、61歳で、女性は19歳、33歳、37歳、61歳。中でも男性の42（死に）歳と女性の33（散々）歳は大厄と呼ばれ、この前後の前厄・後厄と合わせて３年間は注意が必要といわれています。実際に、男性なら働き盛りの年代、女性は乳がんや子宮がんなどが発生しやすくなる時期でもあります。迷信だと決めつけず、健康管理をしっかり行うことが大切です。

【コラム】 **知らないと恥をかく⁉**

参拝の際のマナー

初詣の項でも紹介していますが、神社参拝時のマナーはしっかりおさえておきたいところ。「二礼二拍手一礼」以前に大切なのは、参拝する際の姿勢です。知らないうちにＮＧな行為をしていないかチェックしてみましょう。

■ これはNG！

SEXY

露出が激しい服装

大声でしゃべりながら

たばこを吸いながら

飲食をしながら

COOL

帽子やサングラスを着用したまま

すべて神様に対して不敬にあたります。

■ これも知っておこう

×参道の真ん中を歩く

鳥居から拝殿に伸びる参道の真ん中は「正中（せいちゅう）」と呼ばれる神様の通り道。初詣など混雑時は過剰に気にする必要はありませんが、参道の左右どちらかの端を通るのがマナーです。

いけね！

×忌中の参拝

神道では死をケガレと見なすため、近親者を亡くした場合、50日間は神社への参拝を控える習慣があります。

【第2章】

冠婚葬祭のしきたり

人生の新しい門出を祝う結婚式、故人をしめやかに送り出すお葬式。どんなに親しい間柄であったとしても、冠婚葬祭にはおさえるべき作法があります。冠婚葬祭のしきたり、作法をまとめました。

冠婚葬祭のしきたり

01

結納・結婚式・披露宴

結納・結婚式・披露宴には古いしきたりや作法がいっぱい。一連の儀式がどのように執り行われるのか、流れを見ていきましょう。

アタシがほしいのは…

お納めください
スッ
いいから
ユビワちょうだい
スッ

彼氏：一応、形式だけ結納品を用意したんだ。

彼女：スルメとかコンブとかいらないから。ほしいのはユ・ビ・ワ。

彼氏：へ？　アワビ？

結納品は縁起物を

結納は言わば「婚約の儀式」。婚約は口約束がベースなので法的な制約はありません。そこで、かつては婚約を親族の前で確約させる儀式として、結納が広く行われていました。

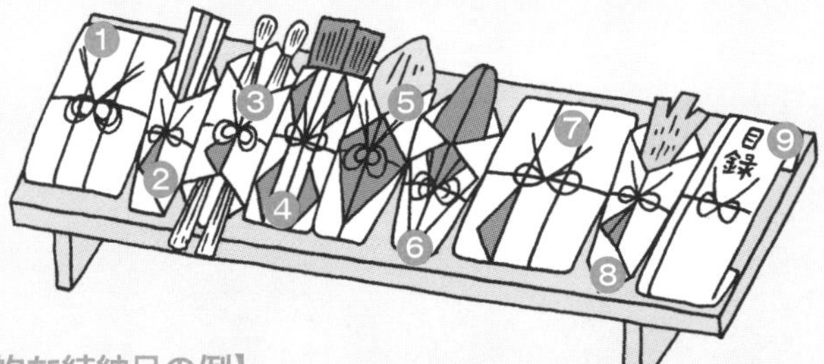

目録

【一般的な結納品の例】

①**家内喜多留**…やなぎたる。かつてお酒と肴を持参した名残で、清酒料を包みます。

②**末広**…末広がりで縁起が良いということで、扇子を一対（２本）入れます。

③**友志良賀**…ともしらが。白髪になっても一緒という意味を込めて白い麻糸を入れます。

④**子生婦**…こんぶ。子宝に恵まれるようにとの思いが込められています。

⑤**壽留女**…するめ。末永い夫婦生活を祈り、保存の利くスルメを贈ります。

⑥**勝男武士**…かつおぶし。元気な子どもを産み育てるなどの意味があります。

⑦**結納金**…新郎側から新婦側に送るお金。御帯料（おんおびりょう）、帯地料とも。

⑧**長熨斗**…ながのし。不老長寿の意味があるアワビを干して伸ばしたものです。

⑨**目録**…結納品である上記８品を記載した目録です。

神前式の作法

神社で宮司（神主）さんのもとで行われる結婚式。
明治33年に皇太子（後の大正天皇）が行ったものが起源とされています。

〈神前式の主なプログラム〉

①お祓い「修祓（しゅうばつ）の儀」
②祝詞を聞く
③三々九度
④誓詞朗読（誓いの言葉）
⑤玉串奉奠（ほうてん）
⑥指輪交換
⑦親族固めの盃

神前式の座席表

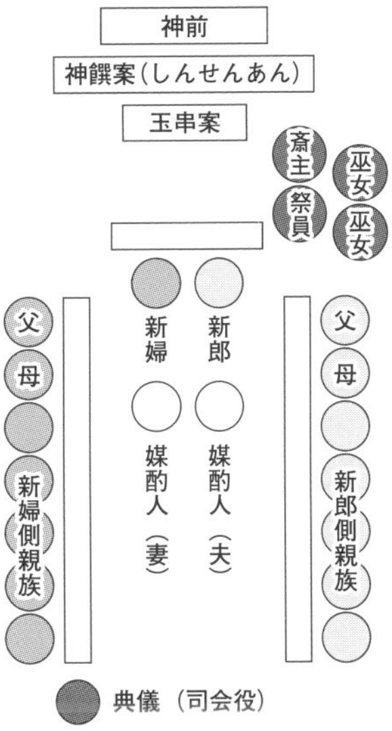
神前
神饌案（しんせんあん）
玉串案
斎主
祭員
巫女
巫女
父
母
新婦側親族
新婦
新郎
媒酌人（妻）
媒酌人（夫）
父
母
新郎側親族
典儀（司会役）

かつては、神前式に参列するのは新郎新婦の親族だけでしたが、最近では友人も参列するケースも増えてきました。指輪の交換など、古来の日本にはない文化も柔軟に取り入れられています。

最近では
媒酌人（仲人）がいない
ケースが増えています。

三々九度

巫女（みこ）から小中大の盃を受け取り、御神酒（おみき）を飲んで結婚を誓う重要な儀式。新郎、新婦が飲むたびに盃は巫女に返します。新郎から新婦の順番でそれぞれ3口でいただくのが1セット。1～2口目は口をつけるだけで3口目で飲む場合もあります。御神酒は飲みきらなくても構いません。これを3セット繰り返します。

玉串奉奠

神職・巫女から玉串（飾りをつけた榊の枝）を受け取り、神前（玉串案）に捧げます。供えたら右足から1歩下がり、二礼二拍手一礼します。

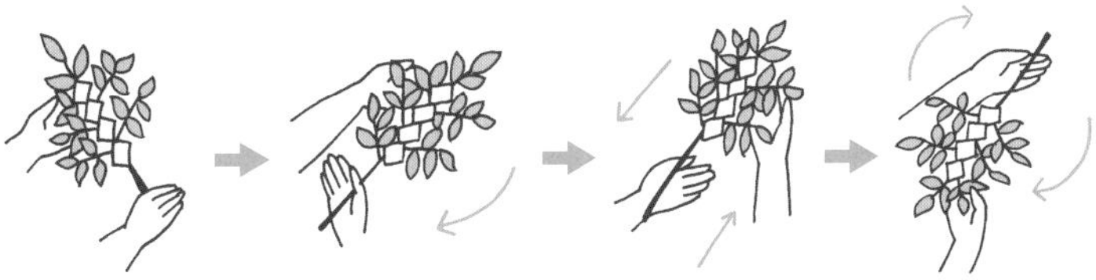

受け取って胸の高さで持ちます。 → 葉先を正面に向けます。 → 枝を左手に持ち替えます。 → 玉串を1周させます。

キリスト教式の結婚式

教会で牧師さんが執り行うキリスト教式の結婚式が、いまでは最もポピュラー。
キリスト教徒である必要はありません。

〈キリスト教式の主なプログラム〉

①開式宣言　②新郎入場　③新婦入場　④賛美歌　⑤聖書朗読　⑥誓いの言葉
⑦指輪交換　⑧結婚の宣言　⑨結婚誓約書へ署名　⑩賛美歌　⑪新郎新婦退場

仏教式の結婚式

お寺でお坊さんが司婚者となる仏教式の結婚式。
仏様やご先祖様に感謝をして夫婦の誓いを交わします。

〈仏教式の主なプログラム〉

①敬白文（けいびゃくもん）朗読
※仏様に結婚を報告する儀式
②数珠の授与
③司婚の儀（誓いの言葉）
④焼香
⑤親族固めの盃
⑥合掌師による結婚の宣言

お葬式と同じ焼香なども行うため違和感を覚えるかもしれませんが、神前式と同様に日本の伝統的な挙式スタイルです。

披露宴とは？

親戚や知人、友人を招待し、結婚の報告を行う披露宴。日本文化に由来する儀式ではありませんが、定番化しているプログラムも少なくありません。

白無垢

白無垢から色打掛へ

お色直しとは、もともとは嫁入りした新婦が新郎の家に染まることを表す儀式。決して、新婦の美しさを披露するファッションショーではありません。現在では、白無垢（しろむく）から色打掛（いろうちかけ）のほか、白無垢からドレス、ドレスから着物など、さまざまなパターンがあります。

色打掛

〈披露宴の主なプログラム〉

①新郎新婦紹介　②主賓の祝辞　③乾杯　④ケーキ入刀　⑤食事　⑥お色直し
⑦キャンドルサービス　⑧友人からの祝辞　⑨祝電読み上げ　⑩両親の挨拶 など

再婚・おめでた婚の祝い方

基本は初婚や妊娠前の結婚と変わりません。ただし、披露宴ではふたりの両親や親戚、会社の人もいるため、あえて再婚やおめでた婚であることには触れないほうが無難です。

再婚の場合、「お祝い金はいただきません」と言われた場合でも、半額もしくは贈り物は贈りましょう。もちろん前の人と比べる話題はNGです。

目の前のふたりを祝福する気持ちを大切に。おめでた婚の場合は、動きづらい新婦のために気遣いをみせましょう。

結婚式の服装・ご祝儀

結婚式に着ていく服の基本は正装ですが、新郎新婦との関係、披露宴の形式などで変わってきます。ご祝儀の作法も学んで、気持ちよくお祝いしましょう。

伝統的な和装とは？

【羽織】
三つ紋、または
五つ紋付き
黒羽二重

【袴】
仙台平の縞など

【白扇】
慶事の礼装には
白扇が必要

【足元】
白足袋、
鼻緒の白い下駄

【礼装】
未婚の場合…振袖
既婚の場合…留袖
（親族以外は色留袖）

【準礼装】
訪問着
（胸と裾に
柄合わせ
したもの）

せっかくのお祝いの席なので、純和風の服装もおすすめですが
新郎新婦より目立たないようにする気配りは必要です。
着慣れていない人は洋装を選ぶことも選択肢に入れましょう。

洋装のお作法

【スーツ】
ブラックなどの
ダークスーツ
【ネクタイ】
白かシルバーグレー
左胸にポケットチーフをあしらうとさらに好印象です。

【昼】露出の少ない
アフタヌーンドレス
【夜】ロング丈の
イブニングドレス
女性はスーツよりワンピースが格上。夜の披露宴なら、肩を出す程度の露出はいいとされています。

白色は「花嫁の色」とされているため控えて。喪服を連想させる全身黒色もNG。つま先が露出するミュールも避けましょう。

普段着は
NG！

平服の作法

普段仕事で着ているダークスーツでも、少し派手なカラーやシルバーのネクタイ、ポケットチーフなどで華やかにします。女性もスーツやワンピースなど改まった服装で。光沢のある素材やアクセサリーを加えて艶やかにしましょう。

ご祝儀袋の選び方

結婚祝いには、「熨斗（のし）」付きで、「結び切り」の水引のご祝儀袋を使います。
ご祝儀袋は包む金額が高いほど豪華にします。金額に合わせて選びましょう。

熨斗の種類

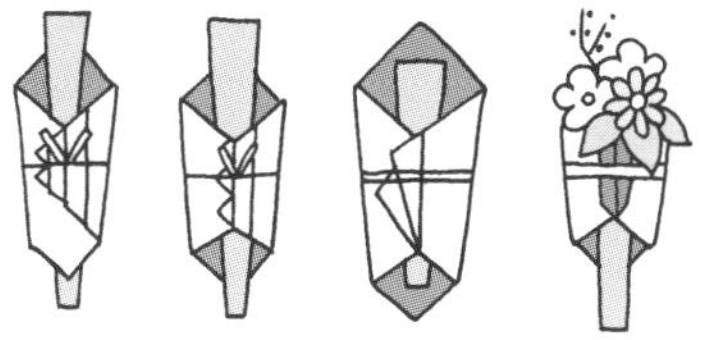

神様に供えられた「のしあわび」の名残である「熨斗」。現在では、様々な種類のものがついたご祝儀袋が売られていますが、とくに厳密な決まりはありません。

結婚祝いに使える水引

結び切り

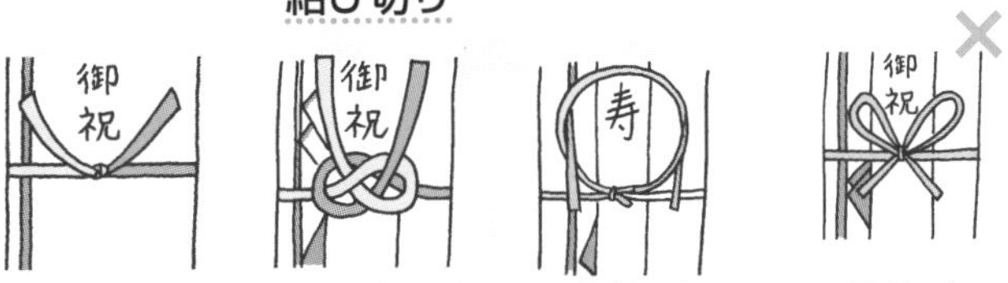
御祝
御祝
寿
御祝
×

真結び　あわび結び　輪結び　蝶結び

かつて贈り物をするときには、奉書紙で包み、白一色のひもで結んで留めていました。この白一色のひもが水引の起源。結婚のように繰り返して欲しくないものには「結び切り」を使います。

中包みの書き方

【表】
中央に漢数字の旧字体で金額を記入します。お金は新札にします。

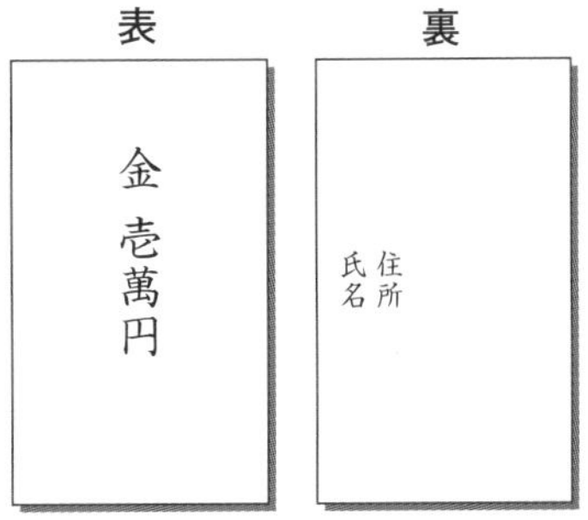
表
裏
金
壱萬円
住所
氏名

【裏】
左下に自分の郵便番号・住所・氏名を書きます。

お祝い金の相場	20代	30代	40代
友人や同僚	2～3万円	3万円	3～5万円
勤務先の上司や部下	3万円	3万円	3～5万円
兄弟姉妹	5万円	5～10万円	10万円
親戚	3万円	3～5万円	5～10万円

Q. スマートな招待状の返信とは？

すでに新郎新婦に出欠を伝えていたとしても、招待状を受け取ったら必ず返信しましょう。招待状の「御芳名」の「御芳」、「御出席」などの「御」は二重線で消します。出席の際は「慶んで」、欠席なら「残念ながら」などひと言添えましょう。
やむを得ず欠席する場合は、理由とお詫びを簡潔に書きます。喪中や病気など不幸を連想させる理由の場合は、書かなくてもかまいません。事前に電話などでお詫びし、その上で招待状を返信するのがいいでしょう。

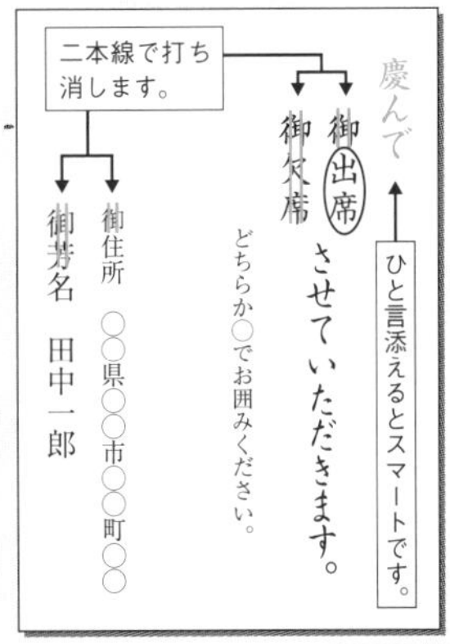
慶んで
ひと言添えるとスマートです。
御出席
させていただきます。
御欠席
どちらか○でお囲みください。
御住所　○○県○○市○○町○○
御芳名　田中一郎
二本線で打ち消します。

結婚祝いと内祝

結婚祝いは心を込めた贈り物なら何を贈ってもいい……わけではありません。いったい何に気をつければいいのか、結婚祝いの作法を紹介します。

なにを贈る？

妻：やっぱり相手にほしい物聞くのが常識じゃない？
夫：それじゃサプライズがないじゃない。
妻：私だったらセンス悪い家具とかいらないもん。

結婚祝いの選び方

結婚祝いの贈り物は、自分では買わないようなちょっと高いものを贈るのがベター。あまりに高価すぎると相手に気を遣わせてしまうので、適度なものを選びましょう。

ここに注意！

花瓶や刃物は贈らない！

花瓶には「割れる」、刃物には「切れる」という意味があるのでＮＧ。先方からリクエストがあった場合以外は贈らないほうが無難です。

片方の好みに合う贈り物ではなく、新郎新婦ともに喜んでもらえそうなシンプルなものが無難です。

結婚祝いに贈るもの

結婚祝いは結婚する前に贈るのが理想的。大安・先勝などの吉日の午前中に直接持参するのがいいとされています。結婚式の１、２か月前から遅くとも１週間前までに贈るのが一般的。結婚式の当日に持参するのはやめましょう。

「キッチン用品」

通常よりもちょっと高価なキッチン用品は実用的でもあり、喜ばれます。重複しないように注意。

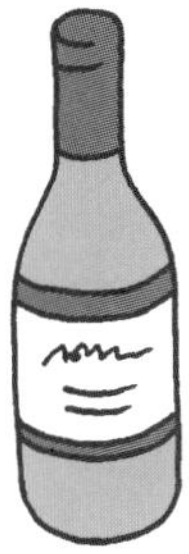

「ワインなど趣味のもの」

親しい間柄で本人たちに好みを聞ける場合は、ワインなどふたりが共通して好きなものを。

「タオル」

定番のお祝いだけに、上質なものを。迷ったら白を選びましょう。

「グラスセット」

従来は、割れるものは縁起が悪いとされてきましたが、最近は贈られるようになりました。偶数でもペアやセットのグラスならＯＫです。

お返しの作法

お返しの金額の目安は、お祝いの半額といわれています。いただいてから１か月以内に持参、または送り届けましょう。実用品や食品が喜ばれます。

内祝の選び方

内祝は、身内や親しい範囲で喜びを分かち合うこと。以前はお祝いをもらわなかった人にも贈っていましたが、現在では、お返しとして贈るものが一般的に内祝と呼ばれています。

食べ物や日用品

タオルなど、もらって困らない実用品や、お菓子の詰め合わせなどが無難。お菓子を贈る際は、相手のことを考え、食べきれる量がいいでしょう。

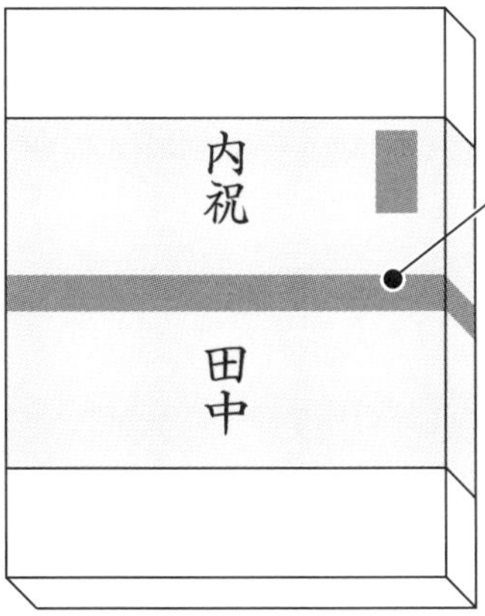

のし紙

紅白か金銀の結び切りの熨斗紙を使い、表書きには「内祝」。新郎新婦の連名か新しい姓を書きます。

カタログギフト

最近では受け取った相手が欲しいものを選択できるカタログギフトを利用するケースも増えています。5000円コース、１万円コース、２万円コースなど、いただいたお祝いに応じた個別の料金設定は必須です。

お通夜・葬儀・告別式

故人と最後のお別れをする儀式が、葬儀・告別式です。お通夜とは異なる内容になっていますので、基礎知識を身につけておきましょう。

お通夜とは？

葬儀まで日にちを置くと、故人の身体に悪い霊が入ると
考えられたため、遺族が夜通し見守ったのがお通夜の起源です。

お通夜の流れ

参列者がすべきことは、葬儀業者やお坊さんが指示してくれることもあります。指示があった場合は、それに従いましょう。

焼香の作法

①まずは、遺影に一礼。続いて、遺族席に一礼します。

②頭を軽く下げ、目の高さまで抹香を上げ香炉に入れます。

③遺影に向かって合掌し、最後に遺族に一礼して終わります。

一般の弔問客は、お通夜か告別式のどちらか一方に出席するのがいいでしょう。ただ、故人と特に親しかったり、お世話になった場合などは、両方に出席しても構いません。法事の作法に「正解」はなく、故人を思う気持ちが大切です。

葬儀と告別式の違いは？

お通夜が夜6時くらいから始まるのに対し、昼間に行われることが多い葬儀・告別式。
親しい間柄であるならば、万難を排して参加しましょう。

葬儀・告別式

葬儀は遺族が故人の冥福を祈り葬る儀式を指しますが、告別式は故人と親交があった人が死者に最後の別れを告げる儀式のこと。このふたつは厳密には異なるものです。

お別れ

お花や故人が好きだったものを柩に入れて送り出す、故人の顔を見る最後の機会。現在は葬儀場と火葬場が同じ場所にあるケースもありますが、近親者を除いては火葬場には同行せずに、出棺を見送ったら失礼しましょう。

親族代表の挨拶

葬儀・告別式に参列した場合は、家族の挨拶までは待つようにします。挨拶が終わると出棺となり、一般会葬者は火葬場に向かう親族を見送ったら帰宅の途につきます。

収骨（骨上げ）

喪主から縁が深い順に2人1組で骨を拾い、骨壷に収めます。故人は心の中で生き続けるとしても、カタチあるものとしてはそのお骨だけになってしまいます。

初七日法要

亡くなった日から数えて7日目に行う死後初めての法要が初七日法要。最近では葬儀・告別式当日、火葬の後に繰り上げて行われる場合が多いようです。

香典のお作法

四十九日までは…

四十九日を過ぎたら…

水引の色は白黒か双銀（銀一色）で、「2度とあってはならない」出来事の際に使う「結び切りの水引」をかけるのが一般的です。四十九日が明け、故人の霊魂が成仏した後は「御仏（佛）前」になります。

香典の基本は同額返し。以前に自分の親族の葬儀でいただいた額と同額を包むのが原則です。ただ、初めて香典のやり取りをする場合は、故人や喪主との関係に応じて考えます。

【注意】

神式やキリスト教式では、御霊前、御仏前ではなく、それぞれ御玉串料、御花料として遺族に渡します。

葬儀の服装・法要

人の死は世の常。とはいえ、非日常的な儀式ですので相応の服装が求められます。基本は、派手にならないこと。詳しく見ていきましょう。

正装でお見送りを

喪主や遺族は、正式な服装で故人を見送るのが作法。
以前は和装が基本でしたが、最近では動きやすい洋装も
増えています。

参列者の服装

お通夜では紺やグレーなどのスーツに白いシャツ、地味なネクタイ、黒い靴下。告別式では、礼服以外なら黒のスーツか無地のダークスーツにします。

【これはNG！】

- 上下違いの服
- 金ボタン
- 光沢のある素材の服
- 肌の露出の多い服
- 透ける素材の服
- 派手なネクタイ、ネクタイピン
- 派手なメイクやネイル
- ２連のパールネックレス（重なる不幸を連想）
- 毛皮やレザーの服
- 香水
- ブーツ、スエードの靴
- 素足

以上はお通夜、告別式いずれの場合でもNGとされています。

お通夜では黒やダークグレーの地味なスーツかワンピース。告別式には、黒のフォーマルな喪服を着用。バッグなどの小物や靴も黒で統一しましょう。

年忌法要のお作法

いまの自分が存在していられるのは、ご先祖様がいたおかげ。
命日からの年数に応じた年忌法要をチェックして、滞りなく供養を行いましょう。

年忌法要の種類

・一周忌	命日から満1年目
・三回忌	命日から満2年目
・七回忌	命日から満6年目
・十三回忌	命日から満12年目
・十七回忌	命日から満16年目
・二十三回忌	命日から満22年目
・二十七回忌	命日から満26年目
・三十三回忌	命日から満32年目
・三十七回忌	命日から満36年目
・四十三回忌	命日から満42年目
・四十七回忌	命日から満46年目
・五十回忌	命日から満49年目
・百回忌	命日から満99年目

法要で親戚が集まった際には、積極的に話をしてみましょう。きっと人と人とのつながりを意識し、先祖に対して改めて感謝の心が芽生えるはずです。

お布施の目安は？

相場は約50万円などとされることもありますが、お布施は商品の代金でも、お坊さんへの謝礼でもないので、定価も相場もありません。ただ、読経料や戒名料などを含めてお坊さんが提示してくれる場合がありますので、まずは聞いてみることをおすすめします。

数珠のかけ方

宗教・宗派による違いもありますが、焼香の際には左手に、合掌するときは両手に輪を通すのが一般的です。神葬祭では使いません。

【コラム】　知っていると役にたつ

正しい線香のあげ方

お通夜やお葬式、法事の際などに線香をあげることもあるでしょう。
ふだん何気なくやっている「線香あげ」にも実は細かいルールがあるようです。

線香の火のつけ方

線香をあげる際は、まずマッチをすり、ろうそくへ点火。そこから線香に火を点けます。マッチやライターから直接、線香に火を点けるのはＮＧです。

マッチやライターの炎を線香に直接つけない。

ろうそくに灯した火を使うようにしましょう。

消すときはさっと手元に引く

線香に点いた火を消すときは、持った手を軽く引いて消すのが正解。

息を吹きかけて消すのは、失礼にあたります。

手であおいで消すのはマナー違反とする意見も。

手を「スッ」と下に引いて消すのがスマート。

供え方は宗派による

線香の供え方は仏教の宗派によって異なります。１本供える、３本供える、線香を半分に折って寝かして供えるなど、その宗派の作法に従いましょう。

【第3章】

家族行事のしきたり

帯祝いやお食い初め、初誕生祝い……日本には子の成長を喜び、親の長寿を祝う、家族のための行事が数多くあります。これからもずっと続けていきたい、そんな家族行事のしきたりをまとめました。

戌の日・お宮参り

妊娠5か月目の「戌の日」に安産を願う「帯祝い」。生まれて初めて土地の氏神様にお参りする「お宮参り」。いずれも赤ちゃんのための大切な儀式です。

氏神様へのご挨拶

夫：正装なんだろ。ネクタイどっちがいいかな。
妻：あんたの服なんてどっちでもいいわよ。
「祝い着」どっちにちまちょーかねー？

戌の日は自宅でもOK

ご祈祷済みの「岩田帯」という腹帯を、自宅で巻くのが帯祝い。かつてお産はケガレたものとされており、帯祝いには浄化の意味があったようです。

お参りは体調優先で

自宅で腹帯を巻く行為自体を戌の日に行えばいいとされているため、お参りは戌の日でなくても構いません。有名な神社は混雑するので、妊婦の負担にならないよう戌の日を避けてお参りすることも考えましょう。「戌の日」は12日周期で訪れるため、年や月によって日にちが違います。

お宮参りは地域の神社へ

氏神の子孫である「氏子（うじこ）」、つまり地域社会の一員であると認めてもらう「初宮参り」。男子は生後31～32日目、女子は生後32～33日目が一般的で、「産土神（うぶすながみ）参り」や「氏子入り」とも呼ばれます。

岩田帯の巻き方

帯祝いには、安産を祈願するという信仰的な意味合いに加えて、
帯を巻いてお腹の中の胎児を守るほか、腰痛や冷えを防ぐ役割もあります。

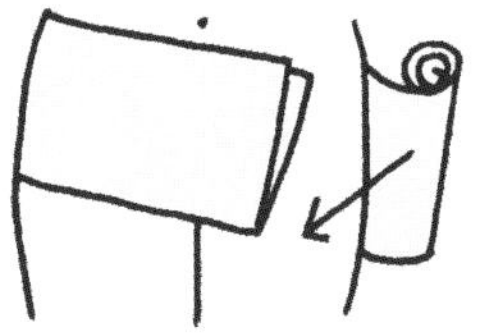

1
帯をふたつ折りにして幅を半分にして巻き始めます。下腹部を軽く持ち上げる要領で。

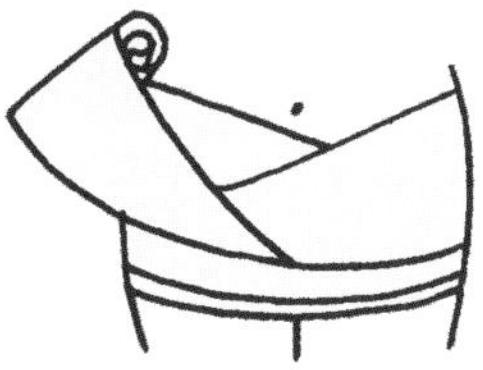

2
腹部の丸みに合わせて前で帯をねじりながら巻いていきます。

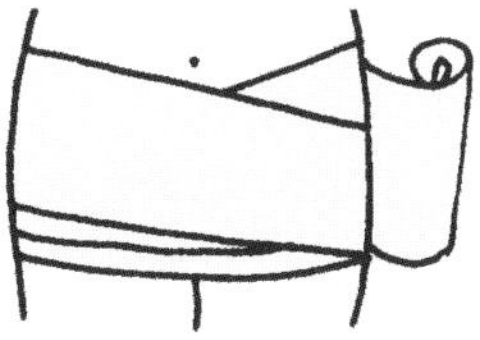

3
下から上に重ねていきます。力を入れすぎないのがポイント。

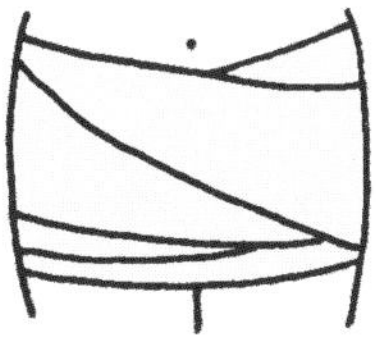

4
巻き終わりを、巻き終えた帯の中に折り込んだら完成です。

お宮参りの作法

氏神様に赤ちゃんをしっかり印象づけるために赤ちゃんを泣かせる
地方もあるとか。まずは、お参りに相応しい服装をチェックしましょう。

赤ちゃんの服装

赤ちゃんには、内着は無地の「白羽二重（しろはぶたえ）」にして、男子は松、鶴、鷹など、女子は花柄の友禅の祝い着を着せてあげましょう。祝い着は母方の実家から贈るのが一般的。最近ではベビードレスを着せるケースも増えています。

祖母と両親の服装

母親と祖母も紋付の着物が望ましいですが、生後まもない赤ちゃんを抱いていくので、動きやすいスーツなどの洋装でもいいでしょう。男性はスーツが一般的です。

Q. 神社へはいくら包めばいいの？

当日は、のし袋に「御玉串料」「御初穂料」などと表書きをして納めます。決まった額はありませんが、3000円から１万円くらいが多いようです。
お宮参りの帰りには、お祝いしてくれた親戚や知人の家へ内祝や赤飯などを持って挨拶に行きましょう。

お食い初め・初誕生祝い

生まれて100日目のお祝い「お食い初め」。生まれて1年経った誕生日の「初誕生祝い」。赤ちゃんが健やかに過ごせることを願う儀式です。

鯛（めでたい）が定番

妻：鯛が売り切れだったのよ。秋刀魚でもいいわよね。
夫：別にいいけど。なんかリアルな食事だな。
妻：確かにありがたくないかも。

一般的なメニュー

一生食べ物に困らず健やかに育つように、という願いを込めて一汁三菜の祝い膳を用意。はじめて母乳以外の食べ物を食べる「まね」をさせる儀式です。子ども用の食器もできれば新しいものを用意しましょう。

長寿の人が食べさせる

食べさせるまねは、近親者の中で最も長寿の人にお願いするのが習わし。男児の場合は男性、女児の場合は女性がその役目を担います。母親が抱っこした状態で食べるまねをさせましょう。

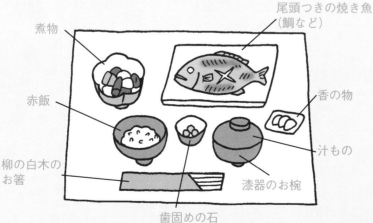

初誕生祝いのお作法

一升餅を背負わせる……体力のない子どもになぜそんな大変なことをさせるのでしょうか。一升餅を背負わせることの意味を紹介します。

初誕生祝いとは？

初誕生祝いでは、餅をついて丸餅や鏡餅をつくり、「一生、食べるものに困らない」という意味で、1升分の丸餅を風呂敷に包みます。それを背負わせて歩かせたり、鏡餅の上を歩かせたりします。お餅ではなくお米を背負わせる地域もあります。

祝

ついたお餅は「力餅」や「立ち餅」「一升餅」と呼びます。近所にも配るのが習わしです。

初誕生祝いの意味

ゆっくり歩けば長生きになる

小さい子どもに重いお餅を背負わせるのは、早く一人歩きができるように、との願いが込められている半面、あまり早く歩きすぎて家から出ていかないように、先を急ぎすぎて早死にしないように、といった意味合いもあります。

泣けば泣くほど元気になる

重いので子どもは泣きますが、泣けば泣くほど元気になるとも考えられています。また、尻餅をつくことで、厄が落ちていくと考えられてきました。

初誕生祝いの今

最近では、自宅でお餅をつく機会は少なくなっています。現在では、お餅を用意するのではなく、いわゆる誕生日ケーキを用意して、盛大にバースデーパーティーを開くことが多いようです。また、初誕生日と前後して、赤ちゃんの髪の毛や産毛でできた「誕生筆」をつくることもあります。

○○くん

七五三

子どもの健やかな成長を祝う「七五三」。晴れ着を着せるイメージはあるけれど、細かい作法や内容はわからないという人も多いのではないでしょうか。

子どもの一大イベント

父：うちの氏神様ってどこだ？
母：知らないわよ。今忙しいんだから。
父：つーか、神社に行って何すりゃいいんだ？

七五三とは？

子どもの年齢が3才、5才、7才になった年の11月15日に地域の氏神様を祀る神社を参拝し、子どもの健やかな成長を願う行事。晴れ着に身を包み、お参りをした後、縁起物のお菓子である千歳飴を買って帰るという流れが一般的です。

日程はフレキシブルに

七五三は主に11月15日に行われる行事ですが、近年は10月中旬から11月前半の吉日や土日祝日などを利用して行うことも。11月15日に近いほど神社が混み合うので、上手に予定を立てましょう。

どの神社に行けばよい？

氏神様を祀る神社で七五三の祈祷を受けるのが正式ですが、子どもが生まれた土地の神社、お宮参りをした神社、または有名な由緒ある神社やお寺でもいいでしょう。お祓いを受けたい場合は、事前に確認を。

年齢別のお祝いと作法

「七五三」は「三才、五才」が男の子、「三才、七才」が女の子のお祝いです。
かつては「数え年」でしたが、現在では満年齢で行われることが増えています。

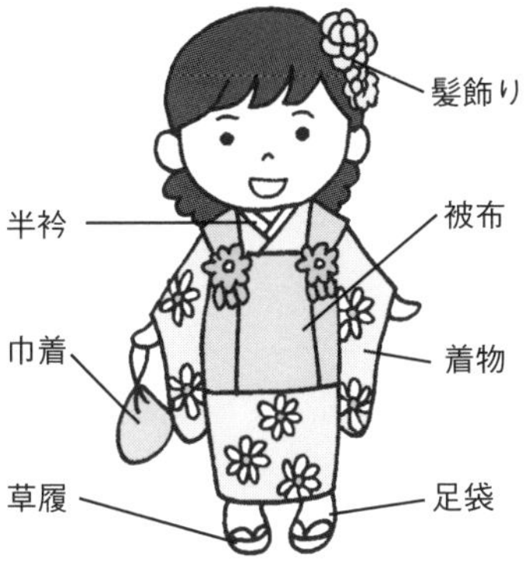

髪飾り
半衿
被布
巾着
着物
草履
足袋

3才（男・女）
❶「髪置き（かみおき）の祝い」

女の子は晴れ着の上に「被布（ひふ）」といわれる袖なしの上着を重ねるのが一般的。男の子は、3才では七五三をしない地域が多いですが、お祝いする際には、お宮参りの祝い着を仕立て直して、羽織を着るくらいでいいでしょう。

5才（男の子）
❷「袴着（はかまぎ）の祝い」

はじめて袴をはくお祝い。羽織袴が正式なスタイル。紋付の着物に羽織、袴、白い鼻緒の草履または雪駄を履き、懐剣や末広（扇子）を持たせて凛々しい男の子姿に。

懐剣
羽織
末広
半衿
袴
足袋
草履・雪駄

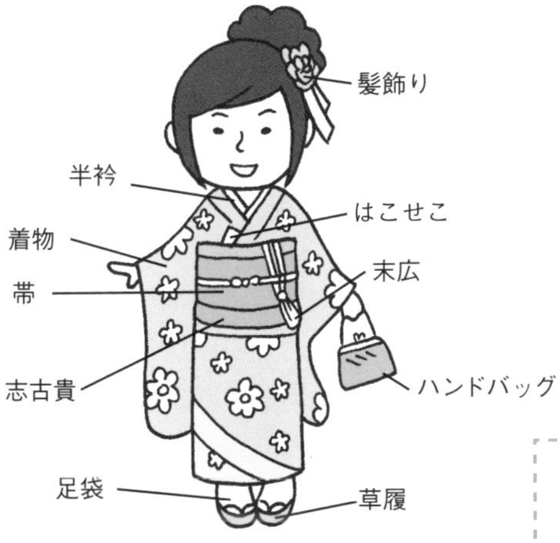

髪飾り
半衿
はこせこ
着物
末広
帯
志古貴
ハンドバッグ
足袋
草履

7才（女の子）
❸「帯解き（おびとき）の祝い」

振り袖に本格的な帯を結びます。本裁ち（大人用の寸法）の振袖を肩揚げ、腰揚げをして着ます。はこせこと末広を胸元に入れ、志古貴（しごき）という芯のない帯を帯下に結びます。手元にはハンドバッグ、足元はぽっくりか草履を履きます。

両親の服装は？

親族の格好は控えめに。母親が和装の場合は、普段から着なれていることが基本です。洋装ならワンピースやスーツなど。父親はダークスーツが無難。祖父はスーツ、祖母もセミフォーマルのドレスや着物などがいいでしょう。

Q. 神社へはいくら包めばいいの？

初穂料
氏名

祝詞を上げてもらい、お祓いをお願いする謝礼が初穂料（はつほりょう）。初穂とは、神仏にお供えするその年に最初に穫れた稲や野菜などの農作物のこと。相場は3000円から1万円くらいですが、料金を決めている神社もあります。迷ったら聞いてみても問題ありません。

ひな祭り・端午の節句

3月3日は「桃の節句」、ひな祭り。5月5日は「端午の節句」。それぞれ、女児と男児の厄除けと元気な成長を祈る儀式です。

ひな人形の飾り方

1
2
3
4
5
6
7

■ 一般的なひな人形（七段）の構成

1段目：男女一対の内裏雛
2段目：三人官女
3段目：五人囃子
4段目：武官の右大臣（若者）と左大臣（老人）
5段目：三人一組の仕丁（三人上戸）
6段目：たんす、長持、鏡台、針箱、火鉢などの嫁入り道具
7段目：御駕籠、重箱、御所車

ひな祭りの片づけ

湿気は人形の大敵です。片づけは雨の日を避けるようにしましょう。3月4日が雨ならば、翌日以降に延ばしてもOKです。

ひな人形の片づけは翌日に…

ひな人形は、3月3日の翌日には片づけるといいとされています。これには片づけができないと婚期が遅れるというしつけの側面と、流し雛の風習では早く川に流さないと厄災が降りかかってしまうからという背景があります。いずれにしても、子どもと一緒に片づけをすることで、人形を大切にする心を育てるのがいいでしょう。

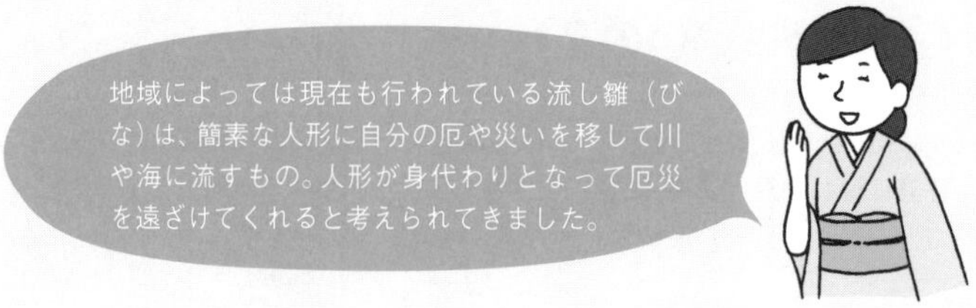
地域によっては現在も行われている流し雛（びな）は、簡素な人形に自分の厄や災いを移して川や海に流すもの。人形が身代わりとなって厄災を遠ざけてくれると考えられてきました。

鎧兜の飾り方

端午の節句では子どもの身を守る鎧兜を飾ります。
鎧兜の飾り方はひな人形と同じ奇数段にします。

三段飾り

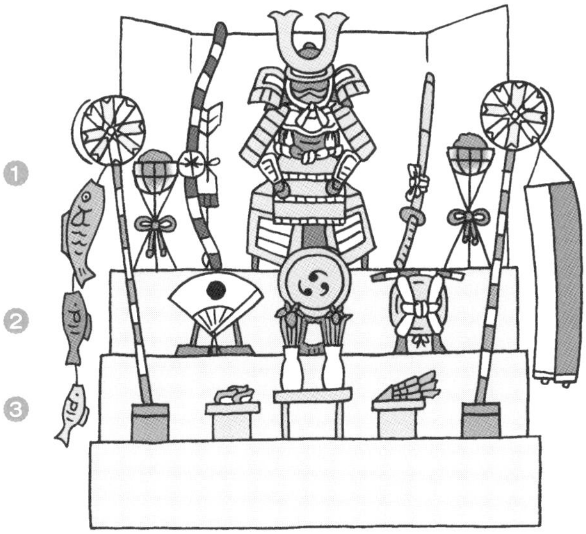

1段目：屏風、大鎧、弓、太刀、篝火
2段目：三品揃（軍扇、陣太鼓、陣笠）
3段目：三台揃（柏餅、花菖蒲、粽）、対入（鯉のぼり、吹流し）

収納箱飾り

段飾りをシンプルにしたのが平飾り。最近では、飾り台を大きくすることで収納箱を兼ねた現代的な「収納箱飾り」が増えています。
武具のほかに屏風がつくのは、さまざまな伝説を描くため。無地の屏風もありますが、龍や鷹、麒麟、松など、縁起がいいとされる動植物も描かれます。

さまざまな五月人形

鎧兜や武者人形が定番ですが、桃太郎や金太郎など、勇ましい男の子の人形でもいいでしょう。神武天皇を模した神武さまや、鍾馗（しょうき）という中国の魔除けの神様の人形を飾ることもあります。

出世を願う鯉のぼり

鯉のぼりを掲げるのは、中国の登竜門伝説が起源。鯉が龍に姿を変えるように、強くたくましく成長してほしいという願いが込められています。

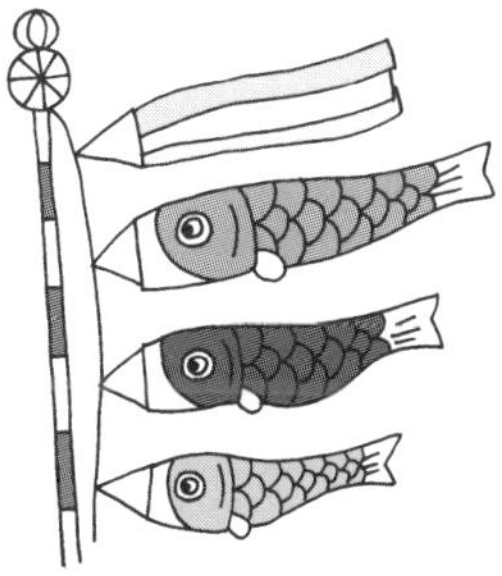

■ 鯉のぼりの構成例
①籠玉・矢車
②5色の吹流し
③黒の真鯉は父
④赤の緋鯉は母
⑤青や緑の子鯉は子

Q. 兄弟・姉妹が複数人いるときは？

ひな人形には、本来、厄災から逃れるための身代わりという意味があります。姉妹のいる家庭では、できればそれぞれにひな人形を用意してあげたいところ。ひな人形と同様に、兄弟がいる家庭ではそれぞれに鎧兜を用意することをおすすめします。なお、鯉のぼりについては、親鯉の下に子鯉を増やしていく方法があります。

家族行事のしきたり

05

成人式・長寿の祝い

成人を祝って1月の第2月曜日に行われる成人式。大人の階段をさらにのぼった先にある、長寿の祝い。いずれも人生の歩みを感じる大切な行事です。

還暦になったから…

兄：オヤジ、還暦祝いに赤い革ジャン選んでやったよ。

妹：じゃ、私からはグラサン。

父：ちょっと恥ずかしいな……。似合うか？

成人式＝元服式

冠婚葬祭と呼ばれる儀式の中のひとつが「冠」、加冠の儀式。一人前の大人として認められる儀式です。元服など、かつてあったさまざまな成人の儀式の現代版といえるのが、成人式なのです。

節度ある服装を…

特攻服風や花魁風の和装を成人式で見かけることもありますが、ハメを外すのもほどほどに。その場の雰囲気に合った服装を心がけるのが成人としてのマナーです。

かつては元服を済ませると、いつでも結婚できました。一人前の大人として扱われたのね。

年齢に応じたお祝い

かつては「人生五十年」。医療の発達によって実現した長寿社会で
行われているお祝いには、漢字文化が色濃く反映されています。

なぜ赤なのか？

還暦のお祝いは、赤いずきんや赤いちゃんちゃんこが定番。「暦が一巡して赤ちゃんに戻る」という意味で、赤には魔除けの意味があります。

長寿のお祝いは、基本的に数え年に達したら。ただし、還暦に限っては、数え年61歳（満60歳）のときに行います。

長寿のお祝いの種類

年齢	名称	由来
61歳	還暦	かんれき。暦の上で使われていた干支が60年で一巡りしたため。
70歳	古希	こき。唐の詩人・杜甫の「人生七十古来稀なり」に由来。
77歳	喜寿	きじゅ。「喜」のくずし字の「㐂」が、「七十七」と読めるため。
80歳	傘寿	さんじゅ。「傘」のくずし字の「仐」が、八と十を重ねた形のため。
88歳	米寿	べいじゅ。「米」の字をくずすと、「八」、「十」、「八」に分かれるため。
90歳	卒寿	そつじゅ。「卒」のくずし字である「卆」が「九十」と読めるため。
99歳	白寿	はくじゅ。「百」から横線を１本取ると「白」になるため。
100歳	紀寿	きじゅ。100年＝１世紀を意味する「紀」。
108歳	茶寿	ちゃじゅ。「茶」の字が「十」と「十」と「八十八」に分かれるため。
111歳	皇寿	こうじゅ。皇の字は、99歳を表す「白」と、「十」と「二」に分かれる「王」に分解でき、「99歳＋12歳」で「111歳」になるため。
120歳	大還暦	だいかんれき。還暦の２倍なので大還暦。昔寿（せきじゅ）とも。

長寿のお祝いにあたっての注意点

■お年寄り扱いはNG

還暦を迎えると本人が年を感じて気落ちする場合があるので、急にお年寄り扱いをしたりせず、大げさなことは避けましょう。お祝いをするかどうかは本人の気持ちや意向にも配慮して決める必要があります。

■タブーな贈りものもある

受け取る相手によっては、弔事に使われたりする「お茶」や、苦や死を連想させる「櫛」は縁起が悪いと思うかもしれません。親しい人以外に贈る場合には注意しましょう。

地《じ》鎮《ちん》祭《さい》・棟《むね》上《あ》げ式

夢のマイホームでも親との2世帯住宅でも、土地に新しく建物を建てる場合に行う地鎮祭。人生の一大イベントにかかわるしきたりを知っておきましょう。

地鎮祭とは？

宮司さんにその土地のケガレを清め祓ってもらい、
土地の神様を鎮め、工事の無事と将来の末永い繁栄を祈るお祭りです。

地鎮祭のお作法

地鎮祭を行うのは、どの土地にも神様がいると考えられたため。地鎮祭の準備については、棟梁などの工事の責任者に相談しましょう。

地鎮祭に必要なもの

地鎮祭では、笹竹、盛砂、鍬といった「演出用」の道具を用意。米や塩、水、お酒と盃、鯛などの海の幸、野菜や果物といった山の幸もお供えします。必要なものは主催者である施主が用意するのが基本ですが、神饌（しんせん。米、塩、山の幸３種、海の幸３種、畑の物３種、お神酒）は、宮司さんが用意してくれる場合もあるので確認が必要です。

地鎮祭の前後には、工事で迷惑をかけることになる近所への挨拶も忘れないようにしましょう。

棟上げ式とは？

地鎮祭の後に、建物の土台と骨組みが完成し、棟木を上げた時点で行うのが棟上げ式（または上棟式、建て前ともいいます）。古くから棟木を上げてはじめて人の住処になるという信仰があったため、新築物に災いが起こらないように神様に祈る儀式です。

棟上げ式に込められた思い

棟上げ式では、近所の方やお世話になった大工さんなどにも祝ってもらい、地域の人と深い縁を結びたいという願いが込められています。

福をおすそわけ

地域によっては餅や団子、五円をまく場合もあります。これは、大工さんへのねぎらいの気持ちをしめすとともに、ご近所に福をおすそわけする意味もあります。

マメ知識

棟上げ式は、本来は神主さんがお祓いしますが、最近では棟梁が代行するのが一般的。なお、現在は地鎮祭のみ行い、上棟式は行わないケースも多いようです。

【コラム】　毎年変わる恵みの方向

恵方はどの方角？

初詣のルーツともいえる「恵方参り」、節分のときに食べる「恵方巻き」。
「恵方」は日本のしきたりに深く関わっている方角です。

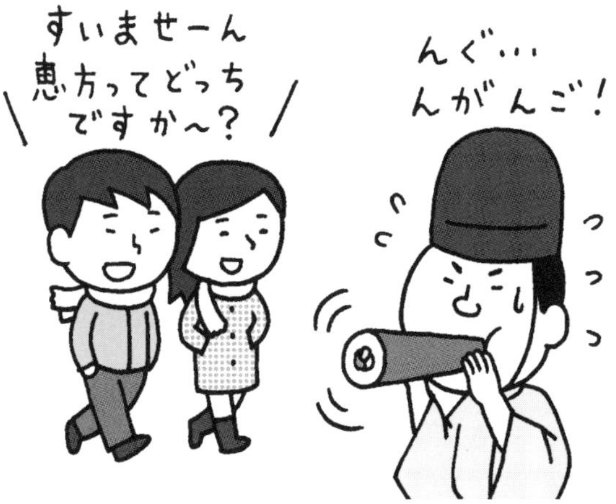

恵方のルーツは陰陽道。その年の幸せを司る神「歳徳神（としとくじん）」のいる方角を恵方と呼び、その方角に向かって事を行えば、万事に吉とされました。そこから恵方にある神社で初詣をする「恵方参り」や「恵方巻き」といった習慣が生まれたのです。

恵方の割り出し方

恵方は、その年の十干（じっかん）によって４つの方位を巡回します。慣れてしまえば意外にシンプルです。西暦の末尾の数字から簡単に割り出せます。

今年の恵方はどちらでしょうか？
右表などを参考に調べてみましょう。

方位吉凶早見図
（令和５年版）

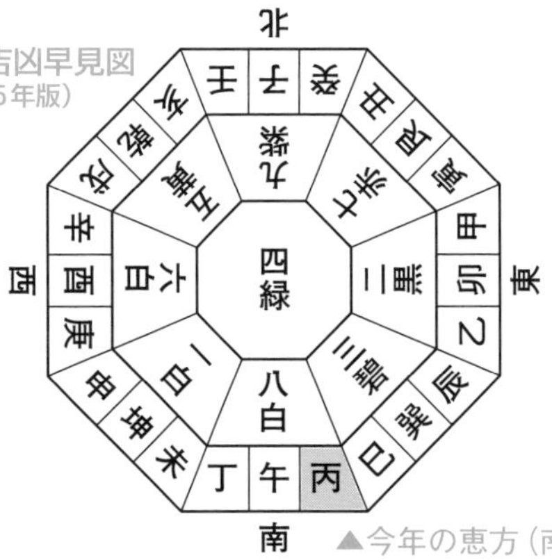

▲今年の恵方（南南東）

その年の十干	方　角	西暦末尾の数字
甲・己	甲（寅と卯の間／東と東北東の間）	4、9
乙・庚	庚（申と酉の間／西と西南西の間）	0、5
丙・辛・戊・癸	丙（巳と午の間／南と南南東の間）	1、3、6、8
丁・壬	壬（亥と子の間／北と北北西の間）	2、7

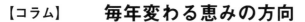

【第4章】

年中行事のしきたり

豊かな四季を持つ日本。この国に暮らす人々は、古くから季節の移ろいをさまざまな行事で祝ってきました。正月の初詣から節分、七夕、お月見、酉の市まで年中行事の作法やしきたりを紹介しましょう。

年中行事のしきたり

01

初詣の作法

新年最初のイベントといえば「初詣」。普段は神社やお寺に縁がなくても、初詣には出かけるという人も多いのではないでしょうか。

いざというときに…

女：二礼二拍手一礼だっけ……。
男：あれ？　手を叩く前に礼とかするんだっけ？
女：それより鈴っていつ鳴らすんだろ？

初詣とは？

家長が大晦日から新年にかけて土地の氏神を祀る神社に籠り、一家の無病息災を祈願した「年籠り（としごもり）」が初詣の起源とされています。その後、恵方にあたる社寺に出かけて初詣をする「恵方参り」などの習慣も出てきました。

初詣は松の内までに

除夜の鐘が鳴り終わり、新年になって、正月に初めて神社やお寺に参詣し、その年の幸せを祈願する初詣。松の内と呼ばれる1月7日までに済ませるのが一般的です。

参拝の心構え

初詣は、1年のはじめに神様にお願いごとをする大切な行事です。
神様に失礼にならないよう、気を引き締めて臨みましょう。

節度のある服装で…

正装までしなくとも、カジュアルすぎる服、ジャージや染みのついた服、しわのよった服などは神様に失礼です。昔の人は下着などを新調して初詣に向かったといいます。清らかな気持ちでお参りするためにも清潔感のある服装を心がけましょう。

鳥居をくぐるときは一礼

鳥居は参拝者のケガレを祓うもの。お参りの際は、神社の一番外側にある「一の鳥居」から順に鳥居をくぐって、参道に入りましょう。鳥居をくぐる際には、軽く一礼。これを「一揖（いちゆう）」と言います。帰路につくまでは、本殿の神様にお尻を向けないこともポイントです。

マメ知識 おみくじのお作法

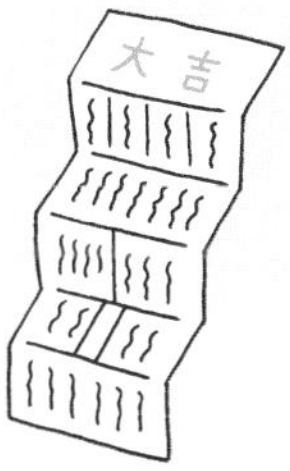

おみくじは1年の指針

結果ばかりを気にしてしまいがちですが、おみくじは占いのように引いた人の運命を予言するというよりも、1年をどのように過ごせばよいのか、生活の指針を表すものです。願いごとが成就するよう祈りながら引きましょう。

おみくじは何回引ける？

おみくじの目的は大吉を引くことではありません。大凶が出ても努力すれば願いは叶います。何回引いても構いませんが、大凶を引いた事実は消えません。神様からのありがたい教訓と考えて前向きに受け止めましょう。

読んだ後のおみくじは？

いい結果の場合は財布などに入れて持ち歩き、悪い結果の場合は寺社の所定の場所に結んで帰るといいとされています。しかし、吉凶にかかわらず、記されている教訓を活かすため持ち歩くのもいいでしょう。

おさえておきたい

手水舎《ちょうずや》の作法

参道の脇にある「手水舎」は、参拝する前に手を洗い、口をすすいで身を清める場所。その手順を確認しておきましょう。

1 まずは左手から

柄杓（ひしゃく）に水を汲んで、左手から洗います。水を汲むのは最初の1回だけなので、使いすぎに注意。

2 次に右手を洗う

左手を洗ったら、柄杓を持ちかえて右手を洗います。

3 口を軽くゆすぐ

左手に水を受けて口をゆすぎます。柄杓に直接口を付けるのは、マナー違反です。

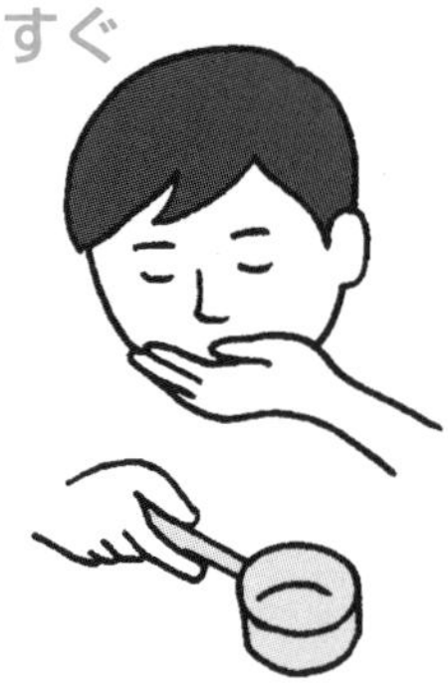

4 最後はもとの位置へ

使った柄杓はもとの位置へ。柄杓を縦にして持ち手部分を洗ってから、伏せてもどします。

マメ知識

お守りのお作法

神社で買える護符にはさまざまな種類があります。

「お守り」

携帯する護符。良縁・安産・学業成就・交通安全など個人的な願いや祈りに特化した様々な種類があります。

「お札」

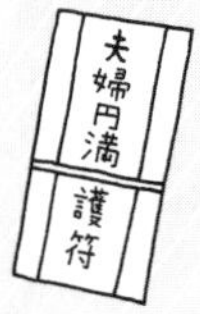

お札は屋内などに貼る護符。商売繁盛、家内安全など、企業や家庭単位で用意することが一般的です。

「破魔矢」

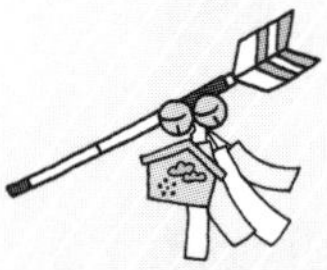

破魔矢は、弓矢の持つ霊の力を信じ、人間の煩悩を追い払うもの。魔除け、厄祓いのお守りです。

お札の正しい祀り方

お札や縁起物は、祀り方にも一定の習わしがあります。家の中で祀る場合は、東か、南向きにするのがルール。お札は、神様の分身のようなもの。神棚がある場合は神棚に、ない場合は必ず目線よりも上に安置しましょう。

おさえて
おきたい

参拝の作法

初詣で迷ってしまうのが、参拝時の「礼と拍手」。
ここでは基本中の基本である「二礼二拍手一礼」をおさらいしておきましょう。

❶ 最初に軽く一礼

参拝にあたって、まずは挨拶。拝殿の正面で軽く会釈します。

❷ 鈴を鳴らす

礼をしたら、綱を揺らして、鈴を数回鳴らします。鈴の音には邪気を払う意味があるので、きちんと音を鳴らしましょう。

❸ 賽銭を投げ入れる

お賽銭のタイミングはここ。賽銭箱から飛び出さないよう、静かにお賽銭を投げ入れます。

❹ 二度、礼をする

２回頭を下げてお辞儀をして、神様への敬意を表します。

❺ 二拍手して祈り、最後に一礼

胸の高さで掌を合わせ、右手を少し下にずらして二拍手。その後、指先をきちんと合わせて祈りを込めてから手を下ろします。最後に一礼をして、右足から後ずさりして拝殿を後にしたら終了です。

マメ
知識

お賽銭のお作法

現在は当たり前になっているお賽銭。しかし、お金をお賽銭箱に投げ入れるようになったのは比較的新しい時代になってから。古くは海の幸や山の幸、そしてお米を白紙で巻いて包んだ「おひねり」を供えるのが一般的でした。なお、「五円には御縁がある」といわれますが、円という単位が生まれたのは明治時代。しきたりというよりも語呂合わせによる願掛けと考えましょう。

おせち・鏡餅

お正月の「食」といえば、おせち料理と鏡餅。年神様（としがみさま）にお供えしてからいただく縁起物の家庭料理です。どのような内容なのでしょうか。

いつ食べるの？

寿
みかん
腐ってね？
これ
どー する？

夫：鏡餅って食べる日決まってんの？
妻：これって食べていいの？ 呪われたりして……。
夫：うちのおばあちゃん、食べてた気がするけど。

「年神様」の力をいただく

正月に餅を食べる習わしは、宮中での「歯固めの儀式」が由来。丸餅なのは、人の魂である心臓を模しているからだとされており、昔は鏡が円形だったことから鏡餅と呼ばれました。おせち料理と同様に年神様に供える「神饌（しんせん）」です。

鏡餅の飾り方

鏡餅は、半紙を敷いた「三方（さんぼう）」に載せます。三方とは、3つの側面に穴のある四角形の台のこと。家の床の間には大きな鏡餅を、各部屋には小さな鏡餅を、1月11日の鏡開きまで飾ります。

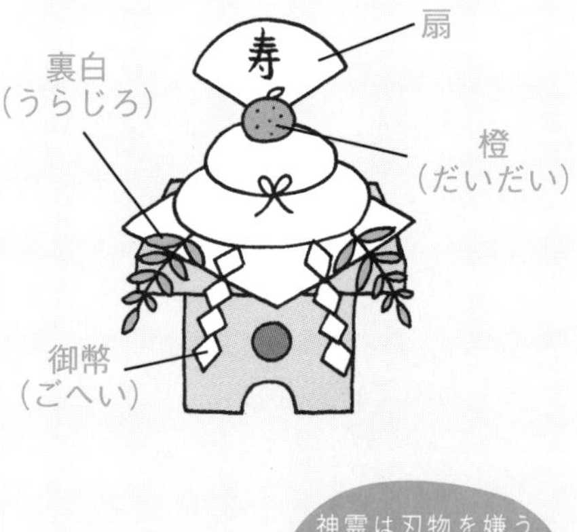
扇
寿
裏白
（うらじろ）
橙
（だいだい）
御幣
（ごへい）

鏡餅の食べ方 ―鏡開き―

鏡餅を割ってお雑煮やおしるこなどに入れて食べるのが1月11日の鏡開き。年神様にお供えした鏡餅を食べることで神の力を分けてもらおうとする行事です。

神霊は刃物を嫌うため、包丁は使わず手で割ったり木槌で叩きます。

おせち料理とお屠蘇《とそ》

おせち料理は、それぞれに人々の願いが込められています。かつては松の内の間、7日まで食べるものでしたが、今では三が日に食べるものとされています。

おせちの内容

一の重
「口取りと三つ肴」

紅白のかまぼこ
財がたまる栗きんとん
文化の発展を意味する伊達巻き
福を授かる昆布巻き
まめに暮らすための黒豆　など

二の重
「酢の物・焼き物」

鯛（「めでたい」の意）
長寿への願望を表す海老
ブリの照り焼き
不老長寿のイカ
紅白なます
酢レンコン　など

三の重
「煮物」

将来の見通しがきくレンコン
里芋
高野豆腐　など

お屠蘇の効果

中国から伝わった薬酒の一種。屠蘇散という漢方薬を袋に入れて、日本酒やみりんに浸してつくります。「邪気を祓い、不老長寿になれる」とされ、新年に年少者から順に飲むのが習わしです。

山椒：腸のはたらきをよくする
白じゅつ：利尿作用
防風：解熱作用
赤小豆：解熱作用
陳皮：風邪症状緩和作用
肉桂皮：健胃作用
桔梗：鎮痛作用

お雑煮の東西

お正月の雑煮は、年神様に供えたお餅を神棚から下げ、野菜や鶏肉などを煮込んでつくった料理で、古くは「雑煮餅」とも呼ばれていました。地域によってつくり方に特色があります。

しょうゆ仕立て（すまし仕立て）で、切り餅（のし餅、角餅）を焼き、里芋、鶏肉、ごぼう、焼き豆腐などを入れます。

白みそ仕立てで、丸餅を焼かずに入れるのが特徴。具材は輪切りにした野菜だけというシンプルなお雑煮が多いです。

お年玉・正月飾り

子どもたちの新年のお楽しみといえば、やはり「お年玉」。もらって喜ぶ姿は微笑ましいものです。正月を彩る飾りと一緒にその由来を見てみましょう。

昔ながらのお年玉？

お年玉だよ～
ハァ？
フフフ
もち

父：お正月に子どもがもらってうれしい玉ってなんだ？
子：そんなの決まってるじゃん！
父：よーし、まん丸い玉持ってけ！　どうだ？

起源は「鏡餅」

もともとは「御歳魂」といい、年神様に捧げたお餅などの供物を年少者に分け与えたのが起源。今でも地域によっては、年神様に扮した人が元旦に家々を回り、子どもたちに丸餅を配る風習もあります。

お金を教える機会に

子どもにその場で開けさせない

素直な子どもは、時に「誰々にもらったのより少ない！」などと言いかねません。その場ではお礼を言うにとどめ、開封は後にさせます。

貯金の管理は親がする

金銭感覚を養うために自由にさせる家庭もありますが、親が貯金してお小遣いとして定期的に渡すのが一般的。親が使い込むのは考えものです。

渡すときは親がいるときに。お礼を言う癖もつけさせたいものです。
ありがとうございます

門松・注連《しめ》飾りとは

門前の左右に一対で並べ、年神様が降りてくる際の目印として飾る門松。
注連飾りも年神様を迎えるための正月飾りですが、飾る場所はさまざまです。

門松は「松竹梅」

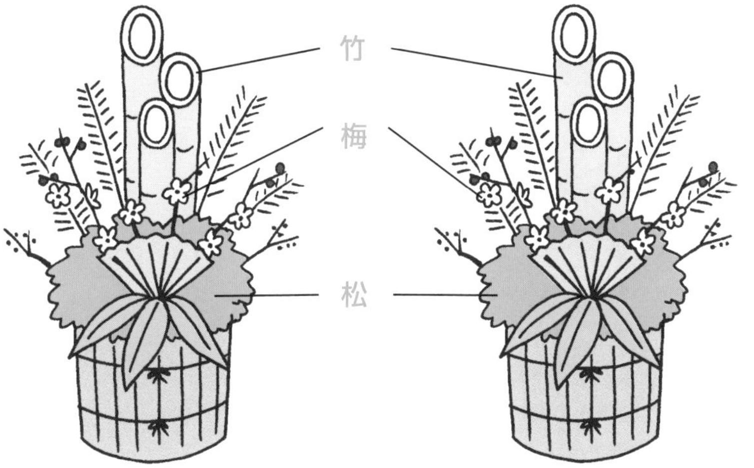

竹
梅
松

玄関に向かって左側が「雄松（おまつ）」、右側が「雌松（めまつ）」。松は〝神が宿る木〟、竹は〝長寿を招く縁起物〟です。

「立て松」や「松飾り」とも呼ばれる門松の主人公は、そのものズバリ「松」。「祀る」に通じる木でもあり、常緑樹でおめでたい木として飾る風習が根付きました。そこに竹や梅をあしらえば「松竹梅」の日本らしい縁起物になります。

注連飾りは「神聖な場所」のしるし

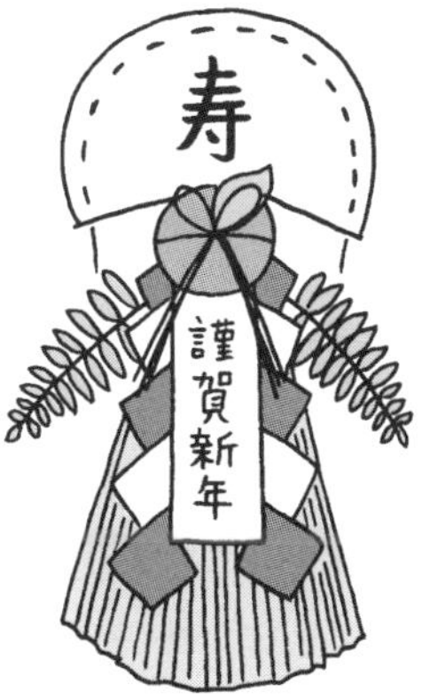

寿
謹賀新年

玄関や神棚、台所、お手洗いなどに飾る

注連飾りは、古い年の不浄を祓い清め、自分の家が年神様を迎えるのにふさわしい神聖な場所であることを示します。松の内を過ぎると外すのが習わし（鏡開きの日である1月11日まで飾る地域もあります）ですが、神棚には1年中飾っておいても構いません。

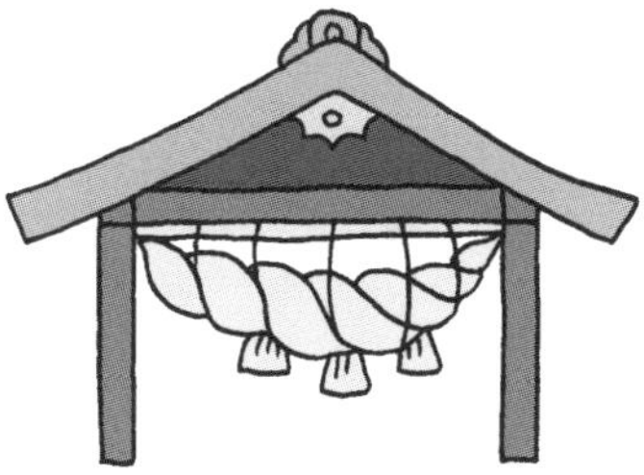

神域との境界線

有名な出雲大社の注連縄は、長さ13メートル、重さ5トンにもなる巨大なものです。家庭の注連飾りも、その起源はこのような神社の注連飾り。神様の領域とこの世の境界線を表す意味があります。

現代風の正月飾り

昔ながらの飾り方ができない場合には、インテリアとしても楽しめるオシャレな正月飾りも登場しています。正月飾りは縁起物。気に入ったものを見つけたら、ぜひお部屋に飾ってみましょう。

役目を終えたら…

新年の役目を終えた門松や注連飾りは、1月15日、小正月の左義長（さぎちょう。どんと焼きとも）でお焚き上げをしてもらうのが一般的。近所の神社や自治体で開催があるかチェックしてみてください。

書き初め・初夢

新年の1月2日に行う「書き初め」。新しい年を迎えて、1年の抱負を書き記す大切な行事です。家族みんなで思いを書いてみましょう。

気持ちを込めて…

父：書き初めって今年の目標とか書くんだろ？
娘：いや、おめでたい言葉を書くみたいよ。
父：そうなの？　でも、正月くらい気合い入れないと……。

新年最初の行事

書き初めの起源は、縁起のいい方角である恵方に向かって、めでたい言葉や歌などを書いたこと。宮中でも「吉書初め」の行事が行われており「試筆」「筆始め」「初硯」とも呼ばれていました。

書き初めに合う言葉

「初日の出」　新年ならでは。宮中での元旦の儀式が起源です。

「笑門来福」　「笑門福来」や「笑門招福」とも書かれます。

「希望の春」　旧暦の名残で1月であっても「春」と書きます。

「無病息災」　病気をしないで健康で元気であることを表します。

「左義長」で燃やそう

書き初めで書いたものは、左義長（さぎちょう。どんど焼きとも）という火祭りで燃やします。左義長が行われるのは、小正月の1月15日前後。門松や注連飾りとともに神社やお寺の境内に持ち寄りましょう。その炎でお餅を焼いて食べると、その年は無病息災で過ごせるそうですよ。

初夢の作法

見た夢で、その年の吉兆を占う「初夢」。新年を迎えるとよく話題になりますが、
細かい作法は知らないという人も多いのではないでしょうか。
初夢の基本と縁起のいい初夢を見る方法を紹介します。

初夢で縁起のいいもの

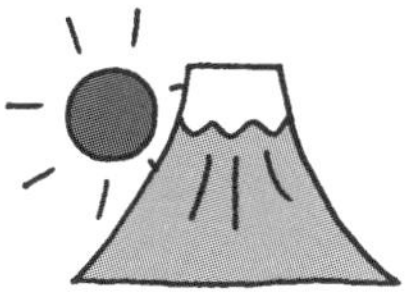

一、富士山

二、鷹

三、茄子

初夢に見ると縁起がよいとされるのは、「一、富士　二、鷹　三、茄子」。江戸時代には「扇」や「煙草」も吉兆とされました。

いい初夢を見る方法

1

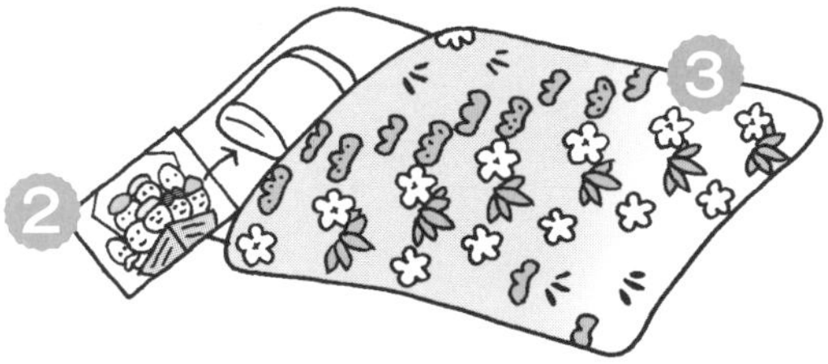
2
3

①壁に絵を飾る

寝室の壁に富士山などの縁起のいい絵を飾る。

②枕の下に七福神

宝船に乗った七福神の絵を枕の下に入れておく。

③布団にもこだわる

魔除けの効果があるとされる吉祥紋の布団で寝る。

マメ知識

悪い夢を見ないために……

■ 悪い夢を見ない方法

枕の下にバクの絵を入れる

悪い夢を食べてくれると信じられてきたバク。その絵を入れておくと悪夢を見ないといわれています。

■ 悪い夢を見てしまったら

南天の木を揺すろう

悪い夢を見たら、南天の木を揺するといいといわれています。南天の木は「難転」に通ずるとされ、厄除け・魔除けとして神社などにも植えられています。

これでOK!
ユサ
ユサ

春の七草（七草粥）

1月7日に食べる「七草粥」。健康意識の高い現代だからこそ、ぜひ実践したいヘルシーな風習です。どのような歴史やルールがあるのでしょうか。

伝統のヘルシーメニュー

召し上がれ～
七草の…丸煮？
デロ～ン

妻：とりあえず七草をまんま煮込んでみたけど。
夫：このビジュアルはないだろ。
妻：おばあちゃんちのこんな感じだったけどなー。

平安貴族も健康志向？

1月7日の朝に食べる「七草粥」。起源は平安時代の宮廷の儀式にさかのぼり、食べれば1年間病気にならないとされます。現在でも伊勢神宮ではお粥をつくって供えるしきたりが残っています。

なぜ1月7日？

なぜ1月7日に七草粥を食べるかというと、古代中国で7日がその年最初に人を占う日とされていたため。1日目は鶏、2日目は狗（イヌ）、3日目は猪、4日目は羊、5日目は牛、6日目は馬がそれぞれの占い日です。

お正月のご馳走で
疲れた胃腸を休め、
青葉の不足する冬場の
栄養補給をするという
意味もあります。

春の七草とは

春の七草は、七草粥に入れる植物の総称。秋の七草が鑑賞用なのに対して、
春の七草はいずれも食用です。それぞれの効能を見てみましょう。

春の七草の効能

せり

【効能】利尿、解熱、
食欲増進など

なずな

【効能】止血、消炎、
下痢止めなど

ごぎょう

【効能】せき止め、去痰、
利尿など

はこべら

【効能】歯槽膿漏予防、
乳汁分泌促進など

ほとけのざ

【効能】健胃、鎮痛、
食欲増進など

すずな

【効能】消化促進、
せき止めなど

すずしろ

【効能】消化促進、
せき止め、利尿など

七草粥のつくり方

1月6日の夜、神棚の前で七草をまな板にのせて包丁などで叩き、神棚に供えます。7日の朝にそれを下げて粥に入れて食べます。叩く回数は諸説ありますが、たたく際には「七草ばやし」という歌を歌います。

■ 七草ばやしの例
七草なずな　唐土の鳥が　日本の土地に　渡らぬ先に
ストトントントン　ストトントントン
※地方によってさまざまなバリエーションがあります

七草はビタミンも
たっぷりです！

マメ知識

七草粥のエキスには、弱った胃腸を助けて食欲を増進するという効果のほかに、糖尿病の合併症を防いだり、活性酸素を除去する働きがあることが医学的に報告されています。まさに『医食同源』を考えた漢方の知恵といえるでしょう。

06 節分

節分とは、もともとは季節の変わり目を表します。現在では豆まきを行う立春の前日のこと。どのように鬼を追い払うのでしょうか。

節分のときに…

だんだん
甘みでるよな
うん
ポリ
ポリポリ

兄：やべ、何粒食べたかわかんなくなった。
弟：そもそもなんで歳の数だけ食べるんだろ？
兄：知らないけど、60超えたジイちゃんとかたいへんだよな。

貴族も豆を投げていた

豆まきの起源は、疫病や災害をもたらす鬼を追い払う中国の儀式。「追儺（ついな）」「鬼遣（おにやらい）」と呼ばれ、平安時代には大晦日に宮中で行われていました。

豆まきは
夜に行うのが一般的。
前日に豆を一升枡や三方などに
入れて神棚にお供えし、当日の
日暮れまでに豆を煎って
おきましょう。

マメ知識

豆を投げるのは鬼の目を表す「魔目（まめ）」に豆を投げつけることで「魔滅」になると考えられたため。このように豆に霊力があるとする考え方を穀霊信仰といいます。

豆まきの方法

鬼を追い払うために豆をまいても、戸が閉まっていると鬼が外に
出ていってくれません。家のすべての戸を開けて、煎った大豆「福豆」を
一家の主人がまき、鬼を追い出したら音を立てて戸を閉めます。

豆まきを終えたら、年齢分もしくは1個足した数の豆を食べます。1個加えるのは、大晦日に行い、翌年の邪気払いをしていた名残。豆には食べると「健康（まめ）になる」という意味も。

ほかにもある節分の習わし

イワシの頭も信心から？

豆を投げるだけでなく、玄関にはヒイラギの枝に刺したイワシの頭を立てておきます。ヒイラギのトゲが鬼の目を刺し、イワシの悪臭が鬼を追い払います。

節分に食べる「恵方巻き」

陰陽道では、その年の幸せを司る神・歳徳神（としとくじん）がいる恵方を向いて太巻きを丸かじりすると、1年間無病息災で過ごせるといわれています。包丁で切らずに丸かじりするのは、福との縁を切らずに、体内に取り込むため。願いごとを思い浮かべて無言で食べましょう。

マメ知識

恵方巻きの具は、七福神にちなんで、かんぴょう、桜でんぶ、きゅうりなどの7種類ですが、特定の具材が決まっているわけではありません。

七夕・お盆

7月7日は五節句のひとつ「七夕」。8月にご先祖様をお迎えする「お盆」。少し毛色は違いますが、夏の行事のお作法を見てみましょう。

お願いされても…

彦星：いつから願いごとをする日になったんだ？
織姫：ケガレを神様が持ち帰るってのがルーツだったはず。
彦星：まー楽しんでくれてるならいいけど……。

七夕のお作法

七夕は、天の川の西にいた織姫（娘織女星）と天の川の東にいた彦星（牽牛星）の年に1度のデートの日。もともとは手芸・裁縫技術の上達を願う乞巧奠（きっこうでん）という中国の行事が起源とされます。

習いごとの上達を祈願する

七夕の習慣は奈良時代から日本で親しまれてきました。当時は、芋の葉に溜まった露で墨をすり、詩歌を短冊に書けば書の腕が上がるとされていました。現在では考え方も変わりましたが、恋愛成就より、習字など習いごとの上達を祈願するのがふさわしいようです。

短冊などを竹に飾る

七夕飾りは7月6日の夜に飾るのがならわしでした。七夕飾りには「吹き流し」、「輪つなぎ」、半紙などを互い違いに切ってつくった「あみ」、「くずかご」、金の色紙を切り抜いた星型などがあります。短冊の色は、赤、青、黄、黒、白。笹は、祖先の霊である精霊が宿る「よりしろ」であると考えられてきました。

お盆のお墓参り

精霊会（しょうりょうえ）、盂蘭盆会（うらぼんえ）とも呼ばれ、お彼岸と並ぶ大きな仏教行事のひとつ。お寺では施餓鬼供養（せがきくよう）と祖先の追善供養が行われます。

お盆とは何か？

日本では7月か8月のいずれかに「お盆」を行うことが多かったのですが、現在では8月15日を中心に、ご先祖様への感謝と供養の盆行事をするようになっています。
お盆では通常、迎え火をたいて死者の霊を迎え、精霊棚（しょうりょうだな）をつくって供物をそなえます。また、お坊さんが棚経（たなぎょう）を唱え、墓参りなどをし、送り火をたいて霊を送ります。

お盆のお供え物

「五供（ごく）」が基本

【香】…お線香や抹香（法事の際に使用）のこと
【花】…故人の好きだった花がいいでしょう
【灯燭（とうしょく）】…灯り。ロウソク
【浄水（じょうすい）】…新鮮な水
【飲食（おんじき）】…魚や肉などの生臭いもの以外の飲食物

※地域よって内容が変わることもあります。

夏祭りに欠かせない盆踊り

慰霊のための踊り

お盆の時期に公園や広場などにやぐらを組み、その周りで踊る「盆踊り」。本来はこの風習も祖先の霊を慰め送り出すものでした。
夏の踊りとして全国的に有名な阿波踊りも、盆踊りのひとつです。
「盆と正月が一緒にきたようだ」とは、うれしいことが重なったときなどに使う言葉。祖先の霊をお迎えして交流できる日だからこそ、特別な日として大切にされてきたのです。

お月見

旧暦の8月15日、現在の9月20日頃は満月になり、十五夜と呼んでお月見の宴を開く日。お月見を楽しむための基礎知識と基本セットを紹介します。

月を肴に一杯？

父：お前、月見団子つまみ食いしただろ？
子：だって盗み食いしてもいいんだよ～。
父：おいおい、だれが言ったんだ、そんなこと。

お月見とは？

十五夜のお月見は本来、秋の収穫祭。神様に豊作のお礼をする儀式でした。現在はお団子とススキを供えますが、昔は里芋を供えるのが通例。そのため十五夜は「芋名月（いもめいげつ）」とも呼ばれています。

十五夜は「中秋の名月」ともいわれます。これは旧暦の7月、8月、9月をそれぞれ初秋、中秋、晩秋と呼んだためです。

つまみ食いをすると縁起がいい？

かつては、縁側にお供えした月見団子を子どもたちが盗み食いをする風習がある地域もあったといいます。団子を多く盗まれた家が縁起がいいとされていたのだとか。

お月見グルメ「月見団子」

お月見に欠かせないお供え物といえば、月見団子とススキ。
それぞれに古くからの人々の思いが込められています。

月見団子はいくつ供える？

月見団子を食べるのは、団子が月と同じように丸く、それを食べることで健康と幸せが得られるという考えに基づいています。
団子を供える際には「三方（さんぼう）」に載せるのが正式。個数は十五夜にちなんで15個が一般的ですが、1年の月の数と同じ12個にして、閏年には1個増やして13個にするともいわれています。

季節の恵、秋の七草

ススキのほかに、花瓶には秋の七草もさしましょう。
ススキ、はぎ、おみなえし、ききょう、くず、なでしこ、ふじばかまが秋の七草です。

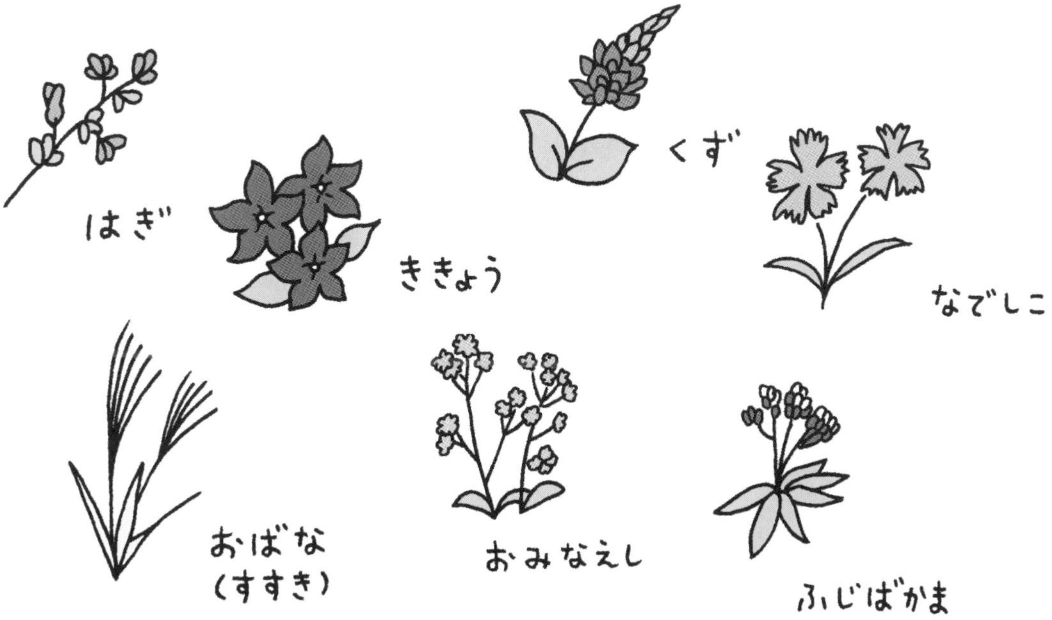

マメ知識

ススキは稲穂の代わりです。子孫や作物の繁栄を見守ってくれる月の神様がおりてきて、ススキに乗り移ると考えられていました。

酉《とり》の市・年越し

11月、客商売の開運をつかさどる鷲神社などで盛大に市が開かれる「酉の市」。除夜の鐘が響く「年越し」。年の瀬の行事を見てみましょう。

めざせ！ 商売繁盛

参詣客：去年買った熊手より大きいのある？
露店の店主：先に言ってよ。急にはつくれないよ。
参詣客：いや、こっちも先立つものはないんだけどさ……。

毎年、より大きく？

落ち葉をかき集める熊手が運を掻き込んで福を招くとされ、縁起物として売られる酉の市。年ごとにさらに福を招き、商売を繁盛させたいという願いから、毎年大きな熊手に買い替えるのがいいとされています。

どんな飾りがある？

商売繁盛を願う酉の市で、熊手と並んで人気の縁起物が、宝船に乗った七福神。金運上昇を願うなら小判が多いもの、福を招きたいなら招き猫が付いているものなども人気のようです。

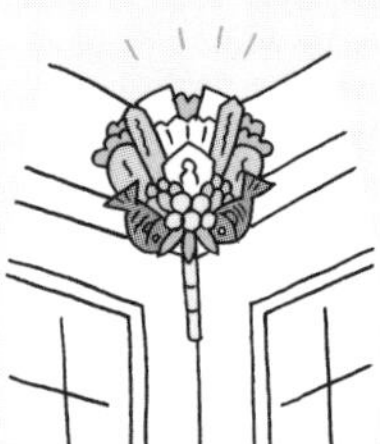

飾る時は一番奥に

外（世間）から家に、福やお金を掻き込むので、家の一番奥から出入り口（玄関）に向けて飾ります。熊手を買い替える際には、それまでの熊手を神社に納めてから。酉の市の当日に持参すれば引き取ってもらえます。

年越しそばとは？

年越しそばを食べる習慣は、江戸時代に始まったとされ、「細く長く」と長寿を願ったり、歯切れのよさから「悪いことを翌年に持ち越さない」ことを願ったという説があります。

厄祓いにきく？

年越しそばの種類に決まりはありません。温かいおそば、冷たいざるそばのどちらを食べてもいいでしょう。ただ、薬味にはネギを忘れずに。ネギは神社の「禰宜（ねぎ）」という役職名と同じ発音のため、厄祓いにいいともいわれているからです。

そばはいつ食べる？

一般的に年越しそばは、年を越してから食べるのは縁起が悪いとされています。午前0時までに食べ終わるようにしましょう。

除夜の鐘

除夜とは大晦日の夜のこと。年の夜ともいわれます。
この大晦日の夜に各地のお寺で鐘を鳴らす行事が「除夜の鐘」です。
仏教でいう人間の108の煩悩を消していくものだといわれています。

108回のうち、まず54回は弱くつき、残りの54回は強くつくお寺があるほか、年が明ける前に107回つき、年が明けてから108回目をつくお寺もあります。

■ その他の大晦日の風習

おけら参り

大晦日には、「おけら参り」と呼ばれる風習もあります。神社の境内で吉兆縄をもらい、それに〝おけら火〟をともしてぐるぐると回しながら自宅に持ち帰る風習で、その火でお雑煮を炊いて食べると、1年を無事に過ごすことができるといわれています。おけら参りは、京都の八坂神社で行われています。

旬の食材

年間を通じてさまざまな食材が手に入る時代ですが、季節の「旬」を楽しむのも大切な習わし。春夏秋冬の代表的な海の幸、山の幸を知っておきましょう。

島国ゆえの海の幸

四方を海に囲まれた日本列島。魚は日本人にとって欠かすことのできない食材。豊かな食文化の形成につながっています。

春の魚

サヨリ
サワラ
初カツオ
ホタルイカ
メバルなど

■ マダイ
懐石料理などで珍重されてきた高級魚。鯛は「めでたい（鯛）」ものでもあります。

夏の魚

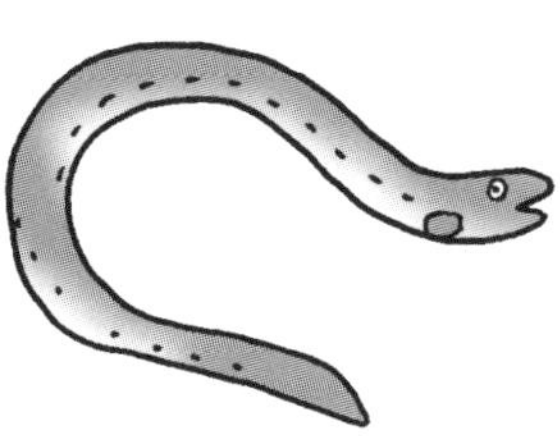

■ アナゴ
蒲焼きや天ぷら、寿司ネタなどで。ウナギと同様、夏バテ防止効果が期待できます。

スルメイカ
スズキ
アワビ
ハモ
キスなど

秋の魚

サバ
アジ
イクラ
秋鮭
タチウオなど

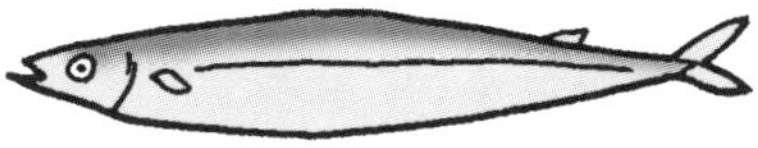

■ サンマ
炭火焼を振る舞うサンマ祭りが毎年各地で行われるほど、日本の食卓に浸透しています。

冬の魚

■ マグロ
縄文時代から食べられてきたマグロ。以来、日本人がもっとも好む魚のひとつです。

トラフグ
アンコウ
カニ
タラ
カキなど

マメ知識
お酒のおつまみを表す「酒菜（さかな）」。その後、お酒のおつまみに魚類が使われることが多くなり、魚類を「さかな」と呼ぶようになりました。

農耕文化、四季折々

北から南、各地の気候風土に応じて栽培されてきたさまざまな農作物。
四季のうつろいを教えてくれます。

春の野菜

キャベツ
アスパラガス
ソラマメ
サヤエンドウ
ナバナなど

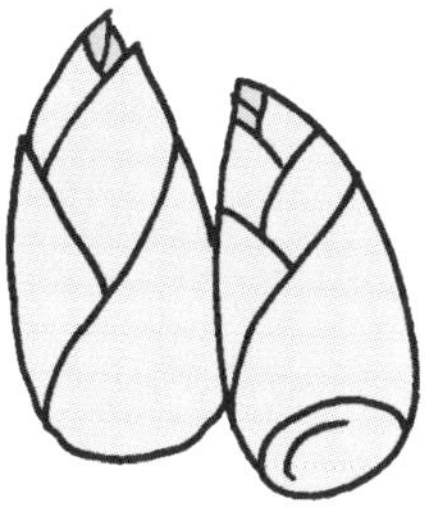

■ タケノコ
メンマや煮物が人気。一般的な食用のものは、孟宗竹（もうそうちく）という品種です。

夏の野菜

■ ナス
「米ナス」「賀茂ナス」「長ナス」など種類豊富。夏野菜の代表です。お盆にお供えします。

トマト
キュウリ
オクラ
レタス
ゴーヤなど

秋の野菜

ジャガイモ
カボチャ
ニンジン
サトイモ
ニンニクなど

■ シイタケ
肉厚で重く、香りも良い「どんこしいたけ」が有名。「干ししいたけ」の高級品です。

冬の野菜

■ ハクサイ
東洋を代表する葉野菜。漬物やさまざまな鍋で大活躍します。

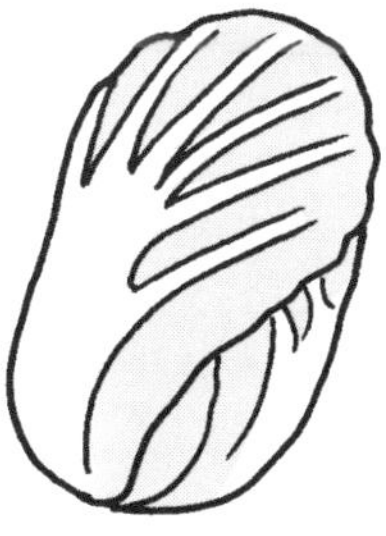

ダイコン
タマネギ
ホウレンソウ
コマツナ
カブなど

マメ知識
全国にご当地鍋が食文化として息づく日本。日本料理は各人に小分けして出すのが正式ですが、江戸時代以降、熱いうちに食べることの魅力を求めて鍋文化が広まっていったとされています。

おさえておきたい

【巻末付録】

しきたり用語集

しきたりを調べていると耳慣れない用語がいっぱい出てきます。
ここでは本文で紹介できなかった「知っていそうで知らない」用語を解説します。

あ行

●丑の刻参り（うしのこくまいり）

古くから伝わる呪いの儀式。午前2時前後の丑の刻、白装束で頭にはロウソク3本。胸には鏡をぶら下げて、ワラ人形を鳥居や御神木に打ち付けます。これを7日間毎晩行います。願いが叶ったらお礼参りも忘れずに……。

●恵比寿講（えびすこう）

主に商家が、七福神のひとつである恵比寿神をねぎらうお祭り。全国の神様が出雲大社に集まる神無月の10月20日に行われます。恵比寿神は元来、豊漁の神。これが豊作や商売繁盛の神として信仰されるようになりました。

●縁日（えんにち）

神や仏に「縁のある日」が縁日。神社やお寺の建立日や、宗派の開祖者の忌日などに開かれます。現在ではお祭りの印象が強いですが、その日にお参りすれば、功徳が与えられるとされてきました。

●お七夜（おしちや）

出産後7日目に行う命名式。奉書紙（ほうしょがみ）や半紙に日付、「命名 ◯◯」と書き、神棚や柱に貼ります。江戸時代に徳川家が命名の儀として定め、庶民にも広まりました。儀式はせずとも命名はこの日までを目安に。

●絵馬（えま）

馬の絵と願いごとを書いた小さな板。奈良時代には生きた馬を奉納したとの記録もありますが、土や木製の馬形を経て、絵馬に変化していきました。合格祈願の絵馬が有名ですが、縁起物のお守りとしても人気があります。

か行

●戒名（かいみょう）

宗派によって「法名（ほうみょう）」「法号（ほうごう）」などとも呼ばれる戒名。男性は「居士（こじ）」や「信士（しんじ）」、女性は「大姉（だいし）」「信女（しんにょ）」が最後につき、その前の2文字が実際の戒名。名前や仏教の経典にちなんだ文字を使うことが多いようです。

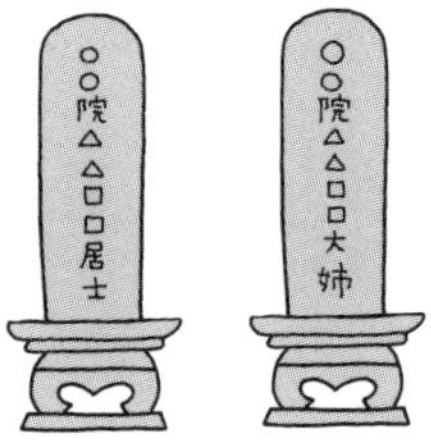

●北枕（きたまくら）

故人の頭を北に向ける理由には諸説ありますが、釈迦が頭を北に向けて死去したことに由来するともいわれています。日常生活では忌避される北枕ですが、故人に極楽浄土へ行ってほしいという願いが込められているのです。

●鬼門（きもん）

「苦手な分野」といった意味合いで使われるこの言葉。陰陽道では、鬼が行き来して不吉なことが起こるとされる北東が「表鬼門」、反対の南西が「裏鬼門」とされ、これらの方角に玄関や風呂場をつくることを避けてきました。

●清めの塩（きよめのしお）

日本では古くから塩には不浄やケガレを祓い清める霊力があると考えられてきました。現在でも地鎮祭（じちんさい）で塩を盛り、大相撲で塩をまくなど、さまざまな場面で塩が使われています。

●衣替え（ころもがえ）

季節の節目に衣装を変えて厄祓いをした平安時代の「更衣（こうい）」が起源で、江戸時代からは日付も幕府が制定。現在、6月1日に学校の制服が冬服から夏服に変わるなど、社会全体で一斉に切り替わるのはその名残です。

●事始め（ことはじめ）

年神様（としがみさま）を迎える正月の行事が終わり、農耕生活が始まる2月8日、新年の年神様を迎える準備を始める12月8日が事始めとされてきました。12月は正月事始めともいい、門松やおせち料理をつくるための薪を山に取りに行く習慣も。

さ行

●左義長（さぎちょう）

小正月の1月15日頃に行われ、「どんど焼き」とも呼ばれる火祭り。門松や注連飾り（しめかざり）をお寺や神社で燃やします。その火で餅などを焼いて食べると無病息災であるほか、新年に訪れた年神様がその煙で天上に帰ると考えられています。

●獅子舞（ししまい）

正月やお祭などのハレの日に行われる民俗芸能。日本での起源は16世紀とされています。獅子に頭をかまれると、その年は無病息災で過ごすことができ、悪魔を払って幸福を招くものとして考えられてきました。

●七福神（しちふくじん）

恵比寿（えびす）、大黒天（だいこくてん）、毘沙門天（びしゃもんてん）、弁財天（べんざいてん）、福禄寿（ふくろくじゅ）、壽老人（じゅろうじん）、布袋（ほてい）の七神。起源は室町時代とされ、正月に絵を枕の下に入れて寝たり、商売繁盛の縁起物としても人気です。

●雑節（ざっせつ）

1年間を24等分した二十四節気に加えて、季節の移り変わりを適切に示すために設けられたのが6つの雑節。2月3日頃の「節分」や、7月19日頃の「土用」、梅雨の始まりとなる6月11日頃の「入梅」などがあります。

●精霊流し（しょうろうながし）

お盆に九州などで行われる伝統行事。死者の霊を提灯や花で飾った精霊船に乗せ、野菜や果物などのお供え物とともに西方浄土（さいほうじょうど）へ送ります。ケガレを水で清めるという意味で、灯篭を流す場合もあります。

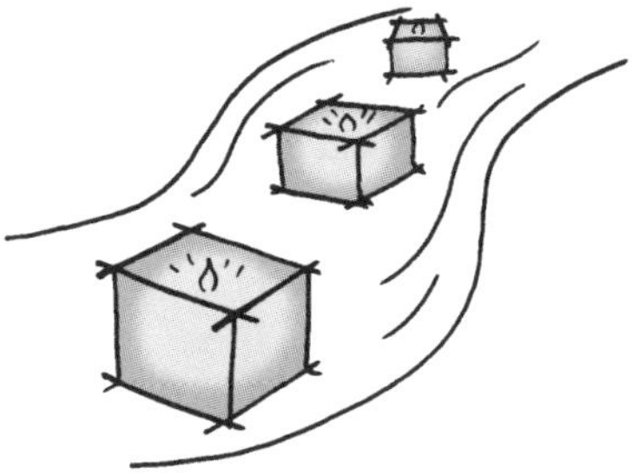

●すす払い（すすはらい）

江戸時代、陰暦の12月８日にすす払いなどをして正月の準備を始めたこと。１年間の汚れやホコリを払い落とすだけでなく、厄を祓い落とす意味でも大変重要な役割を持った習慣でした。現在の大掃除に受け継がれています。

●赤飯（せきはん）

出産や七五三など、祝いごとの定番メニュー。かつては赤い米を栽培し、それが貴重だったことがはじまり。太陽の色でもある赤には邪気を払う力があるとも考えられていたため、お葬式で食べることもあったようです。

●餞別（せんべつ）

新天地や遠方に赴く人にお金や物を渡す餞別。この「餞」は「はなむけ」とも読み、旅立つ方角に向けた馬の「鼻向け」に由来しています。かつての移動は時に命に関わるような困難を伴うものであり、無事を祈って旅費やお金を渡したのです。

た行

●達磨（だるま）

倒れてもすぐに起き上がることから「七転び八起きダルマ」とも呼ばれる、商売繁盛や隆運の縁起物。モデルは座禅姿の達磨（円覚）大師。願掛けの際に片方の目を黒くし、願いがかなったらもう一方を黒くします。

●重陽の節句（ちょうようのせっく）

９月９日、「菊の節句」とも呼ばれる五節句のひとつ。いい数字とされる「九」が重なるおめでたい日で、邪気を祓うとされる菊の花を浮かべたお酒を飲む風習もありました。現在でも10月にかけて菊の品評会や競馬の菊花賞などが開催されます。

●年の市（としのいち）

12月13日から23日頃まで、全国の神社やお寺に露天が並び、正月の飾り物や縁起物などが売られる行事。売れ残りは大晦日まで「捨市（すていち）」として捨て値で売られました。現代の「歳末セール」はその名残ともいえます。

●土用丑の日（どようらしのひ）

土用とは、立春、立夏、立秋、立冬の前の18日間。江戸時代に、特に立秋前の18日間にある丑の日を重視し、夏バテに備えようと薬草のお風呂に入ったほか、「う」のつくウリやウナギ、梅干などを食べるようになりました。

●仲人（なこうど）

最近は減っていますが、日本式の結婚で重要な役目を担ってきた仲人。両家の間をとりもち結婚を成立させ、結婚後も生涯にわたり夫婦を見守る親代わりの存在でした。なお、挙式では媒酌人（ばいしゃくにん）と呼ばれます。

●祝詞（のりと）

奉書紙に書かれ、神の御前で唱える「神の御言（みこと）」。言葉には霊力が宿り、口に出して述べることで、この霊力が発揮されると考える日本の言霊信仰が大きく反映され、忌み言葉を使わずに、一字一句が荘厳な言い回しになっています。

●八十八夜（はちじゅうはちや）

立春から88日目となる５月２日頃。畑では種まきを始める目安になり、田の神にお供えをして豊作を祈願します。「米」という漢字にもなる八十八は、「末広がり」の「八」が重なる縁起のいい数字でもあります。

●初節句（はつぜっく）

赤ちゃんが生まれて最初のお節句。お祝い方法は桃の節句、端午の節句と同じですが、赤ちゃんが生まれてすぐに初節句を迎える場合には、１年延期して翌年にあらためてお祝いするケースも少なくありません。

●花祭り（はなまつり）

釈迦の誕生を祝う４月８日の行事。お寺ではお堂を花で飾り、甘茶を入れた水盤（すいばん）に釈迦像を置きます。これに柄杓（ひしゃく）で甘茶を３回かけるのがお参りの方法。なお、「花祭り」という呼び名は、ヨーロッパの行事に由来するとか。

●新嘗祭（にいなめさい）

「しんじょうさい」とも。現在の「勤労感謝の日」にあたる11月23日。かつてはその年に収穫した米などの穀物を神様に供えて感謝する日でした。現在は宮中行事になっており、天皇陛下が即位して初めての新嘗祭は大嘗祭（おおにえのまつり）と呼ばれます。

●歯投げ（はなげ）

子どもが抜けた乳歯を投げる習わし。ネズミのような頑丈な永久歯が生えることを願って、上が抜けたら縁の下、下が抜けたら屋根の上に投げるものです。マンションが増えた現代では馴染みのないものになりつつあります。

●針供養（はりくよう）

２月８日（または12月８日）に行われる女性のための行事。針仕事を休み、折れたり曲がったりした針を神社に供えます。豆腐やこんにゃくなどに刺したり、川に流したりすることで、針仕事の上達と安全を祈ることもあります。

●彼岸（ひがん）

春分の日・秋分の日をはさんだそれぞれ前後３日ずつの１週間に、先祖の供養をしたり墓参りを行う行事。秋の彼岸では、お花や故人の好物、おはぎなどを供えるほか、近所にも配る習慣が残る地域もあります。

●へその緒（へそのお）

母と子をつないでいたへその緒。桐箱に入れて神棚に供え、男性なら戦争に行くとき、女性なら嫁に行くときに手渡す習わしがありました。子どもが大きな病気になったときに煎じて飲ませるとよいとも考えられていました。

●風水（ふうすい）

古代中国で生まれた思想で、開運につながる「気」の流れについてまとめたもの。どこに何を建造すべきかといった指針を示します。現在、日本で広まっている風水は、家相術や九星気学などと相まって独自のアレンジが加えられたものです。

ま行〜や行

●招き猫（まねきねこ）

金運や客を呼び込む商売繁盛の縁起物。上げている前足で性格が異なり、右足なら「金運・開運」、左足なら「人・お客」を呼び込むとされています。一般家庭なら右、客商売なら左を選ぶのが一般的です。

●神輿（みこし）

お祭りで町を練り歩く神輿は、地域の住民を守ってくれる氏神様の乗り物。神殿（しんでん）から出た神様が神輿に乗って近所に来てくれれば、神社に行かなくても自宅の近くで神詣でができるというわけです。

●八百万の神（やおよろずのかみ）

日常生活に関わるトイレや台所、松や竹などの植物、そして山や川など、いたるところに神様が宿ると考えられてきた日本。農耕文化が根付く過程で、収穫に影響を及ぼす自然現象に対して神を見出し、土地などあらゆるものへの信仰が育ってきたのです。

●薮入り（やぶいり）

現代的な「定休日」がなかった江戸時代、商家で丁稚奉公する人の年２回だけのお休みが陰暦の１月16日と７月16日の「薮入り」。主人から着物や小遣いをもらって親元に帰るほか、芝居見物などができるため、奉公人がとても楽しみにする日でした。

●密葬（みっそう）

葬儀がお正月の松の内にかかってしまう場合や、故人の遺言によって葬儀を行わない場合に、身内や近しい関係の人だけで火葬にすることを密葬といいます。完全に身内だけで行う場合には家族葬とも呼ばれます。

●黙祷（もくとう）

文字通り、黙って（黙）、祈る（祷）こと。無言で目を閉じ、少し頭を下げて行なうこともあります。そもそも宗教的な意味合いはありませんが、死者を偲び、弔いの気持ちを込めて捧げる祈りとして広く行われています。

●夜爪（よづめ）

「親の死に目にあえない」ともいわれる夜爪。「世を詰める」という語呂合せのほか、電気のない時代、夜に灯りをつけて爪を切ることは不経済で、飛んだ爪を踏むとケガをするといった理由から広まったともされています。

おわりに

正直、「日本のしきたり」を解説する類書は山ほどある。それらに目を通しておけば、神社やお寺に行っても新しい話は出てこないのでは……。しかし、いざ取材をしてみると発見の連続だった。

神社の参道の真ん中にあたる「正中」を歩くのはNGとされているが、「初詣など混雑時はむしろ気にしないでください」と宮司さん。「友引は葬式に向かない」というのは半ば常識だが、仏教の立場から見れば、「大安・仏滅などの六曜は古代中国由来の思想なので、過剰に気にする必要なし」とお坊さん。「戌の日」のお参りだってママの体調が優れなければ、日を改めてもいいし、七五三のお参りも今では11月15日の前後1か月くらいならどこでもOK……などなど。

本書では、できるだけ現代の生活に寄り添った「しきたり」を紹介してみた。

取材をして改めて感じたのは「実際にやってみること」の大切さ。本書の解説を見て満足せずに、次の初詣にはぜひ、鳥居の前で一礼し、手水舎で身を清め、拝殿前で厳かに「二礼二拍手一礼」の作法を実践してほしい。いつもの神社にまったく違う時間が流れるのを感じられるはずだ。

「しきたり」から現代人は何を学ぶべきか。中秋の名月にお月見でもしながら考えれば、その答えが見つかるかも？

取材班代表　丸茂アンテナ（ミニマル）

参考文献

■ 監修・取材協力者

佐野和史：瀬戸神社（神奈川県横浜市）宮司、神社本庁教学委員、
國學院大學神道文化学部講師

ひぐちまり：結婚ジャーナリスト&ヒロインプロデューサー

佐藤信顕：佐藤葬祭代表、葬祭ディレクター

水天宮（東京都中央区）

鷲神社（東京都台東区）

西福寺（千葉県船橋市）

久月（東京都台東区）

■ 主な参考文献

『知っておきたい日本の神様』武光誠（角川学芸出版）／『知っておきたい日本の仏教』武光誠（角川学芸出版）／『この一冊で神社と神様がスッキリわかる！』三橋健（青春出版社）／『日本人のしきたり』飯倉晴武（青春出版社）／『日本人 礼儀作法のしきたり』飯倉晴武監修（青春出版社）／『日本の「行事」と「食」のしきたり』新谷尚紀監修（青春出版社）／『関東のしきたり 関西のしきたり』話題の達人倶楽部（青春出版社）／『人に好かれる大人のお作法』（枻出版社）／『図説 面白くてためになる！ 日本のしきたり』永田美穂（PHP研究所）／『図解 日本のしきたりがよくわかる本』日本の暮らし研究会（PHP研究所）／『すぐ役立つ冠婚葬祭マナー事典』篠田弥寿子（主婦の友社）／『葬儀・法要・お墓・相続がわかる事典』浅野まどか（西東社）／『おうち歳時記』中西利恵監修（成美堂出版）／『ビジネスマナーの基本ルール』ANAラーニング監修（成美堂出版）／『最新版 冠婚葬祭・おつきあい大人のマナー事典』近藤珠實（主婦と生活社）／『結納と結婚しきたりがわかる本』松田正子（日本文芸社）／『葬儀と供養のすべて』葬儀霊園文化研究会編（日本文芸社）／『俗信・縁起の雑学読本』岩田英彬（日本実業出版社）／『美しい日本のしきたり』池坊保子（角川マガジンズ）／『ニッポン千年神社』（徳間書店）／『塩月弥栄子の冠婚葬祭事典』塩月弥栄子（講談社）／『冠婚葬祭のすべてがわかる一覧表』（アントレックス）／『暮しに生きる日本のしきたり』丹野顯（講談社）／『図解 マナー以前の社会人常識』岩下宣子（講談社）／『マナーのすべてがわかる便利手帳』岩下宣子監修（ナツメ社）／『「歳時記」の真実』石寒太（文藝春秋）ほか

【著者略歴】
◎ミニマル
「食」「カルチャー」から「マナー」「教育」まで、さまざまなテーマのコンテンツ制作を行っている編集プロダクション。丸茂アンテナ、鈴木秀一郎、髙橋佑佳が取材・執筆を担当。

◎ BLOCKBUSTER（ブロックバスター）
デザイナー、イラストレーター、ライター、フォトグラファーなどで構成されたクリエイターチーム。書籍や雑誌記事、ウェブコンテンツの制作を手がけている。後藤亮平がイラストを担当。

イラストでよくわかる　日本のしきたり

2023年4月12日　第一刷

著　者　ミニマル+BLOCKBUSTER

発行人　山田有司

発行所　株式会社　彩図社
東京都豊島区南大塚 3-24-4
MTビル　〒170-0005
TEL：03-5985-8213　FAX：03-5985-8224

印刷所　シナノ印刷株式会社

URL：https://www.saiz.co.jp
https://twitter.com/saiz_sha

ISBN978-4-8013-0652-3 C0039

※本書は、小社刊『イラストでよくわかる　日本のしきたり』（2013年発行）をもとに再編集したものです。